Verkaufen für Freiberufler

Helmut Hausner

Verkaufen für Freiberufler

Was Selbstständige von professionellen Verkäufern und Beratern lernen können

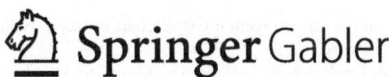

Helmut Hausner
Hamburg, Deutschland

ISBN 978-3-658-26412-3   ISBN 978-3-658-26413-0 (eBook)
https://doi.org/10.1007/978-3-658-26413-0

Die Deutsche Nationalbibliothek verzeichnet diese Publikation in der Deutschen Nationalbibliografie; detaillierte bibliografische Daten sind im Internet über http://dnb.d-nb.de abrufbar.

Springer Gabler
© Springer Fachmedien Wiesbaden GmbH, ein Teil von Springer Nature 2019
Das Werk einschließlich aller seiner Teile ist urheberrechtlich geschützt. Jede Verwertung, die nicht ausdrücklich vom Urheberrechtsgesetz zugelassen ist, bedarf der vorherigen Zustimmung des Verlags. Das gilt insbesondere für Vervielfältigungen, Bearbeitungen, Übersetzungen, Mikroverfilmungen und die Einspeicherung und Verarbeitung in elektronischen Systemen.
Die Wiedergabe von allgemein beschreibenden Bezeichnungen, Marken, Unternehmensnamen etc. in diesem Werk bedeutet nicht, dass diese frei durch jedermann benutzt werden dürfen. Die Berechtigung zur Benutzung unterliegt, auch ohne gesonderten Hinweis hierzu, den Regeln des Markenrechts. Die Rechte des jeweiligen Zeicheninhabers sind zu beachten.
Der Verlag, die Autoren und die Herausgeber gehen davon aus, dass die Angaben und Informationen in diesem Werk zum Zeitpunkt der Veröffentlichung vollständig und korrekt sind. Weder der Verlag, noch die Autoren oder die Herausgeber übernehmen, ausdrücklich oder implizit, Gewähr für den Inhalt des Werkes, etwaige Fehler oder Äußerungen. Der Verlag bleibt im Hinblick auf geografische Zuordnungen und Gebietsbezeichnungen in veröffentlichten Karten und Institutionsadressen neutral.

Lektorat: Manuela Eckstein

Springer Gabler ist ein Imprint der eingetragenen Gesellschaft Springer Fachmedien Wiesbaden GmbH und ist ein Teil von Springer Nature.
Die Anschrift der Gesellschaft ist: Abraham-Lincoln-Str. 46, 65189 Wiesbaden, Germany

Vorwort

Sie sehen sich selbst nicht als Verkäufer. Sie machen aber Umsatz. Also verkaufen Sie doch! Vielleicht sehen Sie es nur nicht so oder wollen es gar nicht wahrhaben. Jedenfalls machen Sie es nicht „professionell" – also als Ihren Beruf. Vorwiegend sind Sie Fachfrau/-mann und erst zweitrangig Kauffrau/-mann, und dennoch bleibt es Ihnen nicht erspart, sich und Ihre Leistungen zu „verkaufen". Diese Einführung in professionelles Verkaufen macht aus Ihnen noch lange keinen cleveren und wortgewandten Verkäufer. Dafür gibt es zahlreiche andere Ratgeber und Kurse. Aber es beschreibt die Strukturen, Prozesse und Hilfsmittel, die für professionelles Verkaufen erforderlich sind und von den großen Firmen erfolgreich angewendet werden. Diese unterscheiden sich für Mitglieder der freien Berufe im Übrigen keinesfalls von denen für hauptberufliche Verkäufer, sie sind nur manchmal etwas komplexer, etwas anders zu sehen oder anzuwenden.

Die Methoden und Prozesse der großen Firmen lassen sich auch – mit Modifikationen – für freiberufliche Einzelunternehmer oder kleine Firmen anwenden. Dieses Buch ist als Kurzratgeber und Einführung für Anwälte, Autoren, Architekten, Ärzte, Coaches, Fotografen, Ingenieure, Berater, Trainer, Schauspieler, Künstler, Steuerberater, Werbeagenturen und andere freiberuflich Tätige konzipiert. Das Ziel dieses Ratgebers ist es also, Ihnen als Inhaber oder Mitarbeiter in einem freien Beruf eine

Auswahl dieser Methoden und Prozesse – allerdings ohne großen Ballast – vorzustellen und praktische Anwendungsmöglichkeiten aufzuzeigen, um Sie in die Lage zu versetzen, Ihr Geschäft noch profitabler betreiben zu können.

Im Gegensatz zum Marketing hat das Fachgebiet des Vertriebs bzw. Verkaufs erst in den letzten Jahren das Interesse von Firmenchefs, Wissenschaftern und Buchautoren gefunden, davor ist Verkaufen „halt so irgendwie gelaufen". Nun haben viele große und mittlere Unternehmen Initiativen ergriffen, um Ihre Verkaufsprozesse zu standardisieren und zu professionalisieren und – wie üblich – mit entsprechenden EDV-Möglichkeiten zu unterstützen. Ich selbst habe solche Projekte geleitet oder war an ihnen beteiligt. Mein Anliegen ist es, die dort erworbenen Kenntnisse und Erfahrungen auf den Bereich der freien Berufe zu übertragen.

Hamburg, Deutschland   Helmut Hausner

Inhaltsverzeichnis

1 **Was bedeutet „Verkaufen" für Freiberufler?**   1
    1.1 Kunden brauchen Verkäufer: Oder ist Verkaufen ein schmutziges Geschäft?   3
    1.2 Alleinstellungsmerkmal: Was ist der Nutzen hinter meinem Produkt?   6
    1.3 Es gibt mehr Verkäufer als Sie denken: Wer verkauft für Sie?   10
    Literatur   12

2 **Phasen des Verkaufs- und Kaufprozesses**   13
    2.1 Die Kundenreise: Wie gehen Kunden beim Kauf vor?   14
    2.2 Die Überwachung des Neukundenprozesses   16
    2.3 Markt, Marke, Marketing: Was bedeute das für mich?   17
       2.3.1 Der Markt: Ihr maximal erreichbarer Kundenkreis   17
       2.3.2 Marketing: So gestalten Sie systematisch Ihr Angebot   18
       2.3.3 Marke: Vertrauensaufbau und Kundenversprechen   20

2.4 Risiken und Nutzen von Vertriebspartnern: Persönlich verkaufen oder sich verkaufen lassen? 21
2.5 Wie man sich Freunde macht: Wozu persönliche Empfehlungen, Xing, LinkedIn, Facebook, YouTube & Co.? 22
2.6 Verkaufen im Internet: Was bringen die neuen Vertriebswege? 25
Literatur 27

3 Beratung und Verkauf 29
3.1 Die Dienstleistung: Wo hört Verkaufen auf und wo beginnt Beratung? 30
3.2 Den Bedarf ermitteln: Was wollen Kunden? 32
3.3 Das Verkaufsgespräch: Wie kann ich den Dialog gestalten? 33
3.4 Kaltakquise: Eine gefürchtete, aber notwendige Form der Neukundengewinnung? 34
3.5 Pflege der Kundenbeziehung: Warum Stammkunden mehr und zu höheren Preisen kaufen 39
3.6 Der Aufwand für Marketing und Verkaufstätigkeiten: Wie findet man die Balance zwischen nicht zu viel und nicht zu wenig? 40
3.7 Netzwerken: Spaß oder Methode? 44
Literatur 46

4 Hilfen beim Verkaufen 47
4.1 Die Rolle der Werbung: Kann sie den Boden aufbereiten? 48
4.2 Verkaufsunterlagen, Demos und Muster: Wie kann ich mein Angebot besser erklären? 53
4.3 Nutzenkalkulation: Kann ich dem Kunden seinen Vorteil vorrechnen? 54
Literatur 56

5 Kunden, Umsätze, Aufwand und Gewinn 57
5.1 Umsatz mit den richtigen Kunden: Welche Kunden möchte ich und wie finde ich sie? 58
5.2 Der Kundendeckungsbeitrag: Was bleibt am Ende übrig? 60
5.3 Der Kundenwert: Wie viel Aufwand für welchen Kunden? 64
    5.3.1 Wertvolle Kunden – richtig betreut – werden immer wertvoller 64
    5.3.2 Berechnung des Kundenwerts 66
5.4 „Strategische" Kunden: Hilfe oder Holzweg? 69
Literatur 71

6 Abläufe und gute Gewohnheiten 73
6.1 Angebots- und Auftragsmanagement: Warum Angebote schreiben und Aufträge bestätigen? 74
6.2 Forderungsmanagement: Was kommt nach der Rechnung? 76
6.3 Reklamationsbearbeitung: Kann ein Kunde mit Fehlern leben? 78
6.4 Dokumentation und CRM-Systeme: Wohin mit den gesammelten Kundeninformationen? 79
6.5 Führung von „Verkaufsmitarbeitern": Wie hält man die Motivation aufrecht? 82
6.6 Verkaufscontrolling: Wie behalten Sie den Überblick? 84
Literatur 88

Stichwortverzeichnis 89

Über den Autor

Helmut Hausner wurde in Wien geboren, lebt aber schon seit vielen Jahren in Hamburg. Nach seinem Studium des Wirtschaftsingenieurwesens hat er mehrere Positionen in Vertrieb und Marketing, sowohl in Konzernen als auch mittelständischen Unternehmen bekleidet. Dabei leitete er erfolgreich mehrere Projekte zur Optimierung von Verkaufsorganisationen, des Kundenbeziehungsmanagements und des Vertriebscontrollings.

Helmut Hausner ist derzeit selbstständiger Berater und Interimsmanager und hat u. a. auch einen Lehrauftrag an der Universität Hamburg zum Thema Vertriebsmanagement.

1 Was bedeutet „Verkaufen" für Freiberufler?

Zusammenfassung Freiberufler, die ja vorwiegend Fachleute auf ihrem Gebiet sind, müssen ihre Leistungen auch erst einmal „verkaufen", wenngleich diese Tätigkeit häufig mehr den Charakter einer Beratung hat. Insbesondere ein tieferes Verständnis davon, was ein potenzieller Kunde von Ihnen in der Verkaufsphase erwartet und was den eigentlichen der Kern Ihres Produkts ausmacht, kann helfen, diese Phase optimal zu gestalten und dadurch den (wirtschaftlichen) Erfolg zu erhöhen. Hinzu kommt die Überlegung, wer außer Ihnen noch zusätzlich Ihre Leistungen verkaufen kann, und da gibt es meist mehr, als man zunächst denkt. Neben Ihren eigenen Mitarbeitern stärken Empfehlungsgeber, klassische Werbung und ggfs. externe Verkaufsorganisationen Ihren Verkauf. In dem Kapitel werden die grundlegenden Zutaten für professionelles Verkaufen vorgestellt: Neben den soziologischen und psychologischen Aspekten des Kaufens und Verkaufens wird die Idee des Kundennutzens anstatt des Produktes bzw. der Dienstleistung hervorgehoben.

> **In diesem Kapitel finden Sie Antworten auf folgende Fragen:**
>
> - Was bedeutet „Verkaufen" für Freiberufler – und was bedeutet es nicht?
> - Was motiviert Kunden überhaupt zum Kauf eines Produkts oder einer Dienstleistung?
> - Wie sehen Kunden ein Mitglied der Freien Berufe im Vergleich zu einem hauptberuflichen Industrieverkäufer?
> - Warum verkaufen Sie kein Produkt und keine Dienstleistung, sondern immer (nur) einen Nutzen?
> - Welche Nutzenkategorien gibt es und wie lassen sich mögliche Nutzen aus den Kundenbedürfnissen ermitteln?
> - Was ist der Unterschied von „result" und „win"?
> - Warum ist ein Alleinstellungsmerkmal (USP) so wichtig?
> - Wer kann Sie beim Verkaufen Ihrer Produkte oder Dienstleistungen unterstützen?

Grundsätzlich ist Verkaufen das Herstellen einer Verbindung zwischen einem „Kunden", der ein ungestilltes „Bedürfnis" hat, und einem Anbieter eines „Produkts", das durch seinen „Nutzen" dieses Bedürfnis befriedigen kann. Klarer Weise müssen dazu Kunde und Anbieter voneinander wissen und über die jeweiligen Bedürfnisse und Nutzen Bescheid wissen. Im engeren Sinn handelt es sich um einen Rechtsakt, bei dem jemand ein Angebot macht, das vom anderen angenommen wird, der dann daraufhin den geforderten Preis bezahlt und die Ware in sein Eigentum erhält.

Häufig wird Verkaufen jedoch als das Anpreisen eines Produkts durch den Verkäufer verstanden, der seine Vorzüge bzw. die Vorteile seines Produkts und oder seines Preises hervorhebt. Dieses Verständnis mag vielleicht für Marktschreier gelten, trifft aber auf professionelle Verkaufsmitarbeiter und auch die Zielgruppe dieses Buches in der Regel nicht zu.

> **Definitionen häufig verwendeter Begriffe**
>
> - *Kunde:* Ich benutze generell das Wort „Kunde" (mittelhochdeutsch: *kunde* = der Bekannte) synonym für Patient, Klient, Abnehmer, Auftraggeber, Mandant, Abonnent und natürlich auch für alle weiblichen Formen.

- *Produkt:* Das Wort „Produkt" soll hier sowohl für physische Produkte/Erzeugnisse stehen als auch für immaterielle Produkte/Dienstleistungen. Immer sind mit der Lieferung eines physischen Produkts auch immaterielle Leistungen verbunden. Mehr dazu unter Abschn. 1.2.
- *Kaufvertrag, Angebot und Annahme:* Der Kaufvertrag kann schriftlich, mündlich oder einfach durch schlüssiges Handeln (konkludent) entstehen und kommt immer durch die Annahme eines Angebots zustande. Das bedeutet, dass erst eine Partei (meist der Verkäufer) ein Angebot macht und die andere Partei (meist der Käufer) es annimmt. Verlangt aber der Käufer z. B. in seiner Zusage einen neuen Preis, so wird diese quasi „Annahme" zum neuen Angebot. Widerspricht der Verkäufer nicht und liefert einfach, hat er dieses neue Angebot konkludent angenommen und der neue Preis gilt. Die Frage, wer schlussendlich das „Angebot" gemacht hat und wer es angenommen hat, füllt mehrere Kurse über bürgerliches Recht und Handelsrecht.
- *Kaufen:* Das lateinische *caupo*, von dem sich das deutsche Wort „kaufen" ableitet, bezeichnet den Schankwirt und Krämer, der die römischen Legionen auf den Germanenfeldzügen begleitet hat; *cauponari* bedeutet schachern.
- *Vertrieb:* Damit ist die gesamte Organisation einer Firma, die dem Absatz von Waren oder Dienstleistungen dient, gemeint. Dazu werden neben Außen- und Innendienst auch ggfs. Organisationeinheiten wie Marketing, Produktmanagement, Kalkulationsabteilung, Logistik, Debitorenbuchhaltung und Vertriebscontrolling gezählt.
- *Verkauf:* Darunter versteht man den unmittelbaren Kontakt zwischen Verkäufer und Käufer mit dem Ziel, die Kundenbedürfnisse zu ergründen, die Beziehung zu pflegen sowie Angebote zu erstellen und zu verhandeln. Damit ist der Verkauf ein Teil der gesamten Unternehmenskommunikation. (Anm.: die Begriffe „Verkauf" und „Vertrieb" werden im Deutschen häufig synonym verwendet. Im Englischen wird hierfür nur der Begriff „Sales" benutzt).

1.1 Kunden brauchen Verkäufer: Oder ist Verkaufen ein schmutziges Geschäft?

Kunden wollen niemals ein Produkt kaufen, sondern den Nutzen eines Produkts oder einer Dienstleistung. Kein Mensch will einen Staubsauger, aber alle Menschen wollen eine saubere Wohnung. Der Staubsauger kann den Nutzen des „Saubermachens" spenden und wird daher gekauft. Es sind aber noch andere Möglichkeiten des Saubermachens denkbar, z. B. ein Putzdienst.

Zumeist weiß ein Kunde nicht (genau), wie sein Bedürfnis befriedigt werden könnte. Er wendet sich also an einen Verkäufer, erklärt ihm sein Problem und lässt sich über mögliche Lösungsmöglichkeiten beraten (vgl. Schönbach 2019). Zumeist betrachtet er dabei mehrere Alternativen und Anbieter. Jene Alternative, die ihm das beste Verhältnis zwischen wahrgenommenem Nutzen und Preis zu versprechen scheint, wird er wählen und „kaufen". Somit ist Verkaufen eine soziale, beratende und helfende Tätigkeit.

Nun, was ist aber mit der althergebrachten Vorstellung von Verkaufen, die durch „sich verbiegen", „lügen", „den Kunden über den Tisch ziehen" und Ähnlichem geprägt ist? Genau genommen sind das veraltete Vorstellungen, die in einer Zeit, in der die Kunden zumeist sehr gut informiert sind, und im Bereich der Freien Berufe generell nichts verloren haben. Nichtsdestotrotz ist es natürlich zulässig, dass Sie im Gespräch mit einem Kunden die Vorteile Ihres Produkts oder Ihrer Dienstleistung hervorheben, ohne dabei etwaige Nachteile überzubewerten, nach dem Prinzip: „Alles, was man sagt, muss wahr sein, aber nicht alles, was wahr ist, muss man sagen." Entscheidend ist hier das Erwartungsmanagement. Es geht insbesondere darum, einen Kunden frühzeitig auf mögliche Nachteile oder potenzielle Probleme hinzuweisen, damit er im Nachhinein keine Enttäuschung erfährt. Das würde sich nämlich negativ auf seine Kauferfahrung auswirken und Ihre Anbieter-Kunde-Beziehung empfindlich stören. Noch einmal „kaufen" würde er bei Ihnen dann vermutlich nicht.

Wie ist es nun mit dem sogenannten Spontankauf oder Impulskauf? Natürlich gibt es diese Art des Kaufens auch, und wir wissen aus eigener Erfahrung, dass ein gewiefter Verkäufer es verstehen kann, einen zunächst gar nicht vorhandenen Bedarf beim Kunden „hervorzulocken". Dazu muss es aber auch beim Kunden ein – unter Umständen unbewusstes – Bedürfnis gegeben haben. Diese Impulskäufe treten häufig bei Zusatzleistungen zu einem Hauptprodukt auf. Kaum jemand käme auf die Idee, sich spontan die Haare schneiden zu lassen, nur weil er an einem Friseurladen vorbeigeht, oder würde einen Notar aufsuchen, weil er dessen Namensschild im Vorbeigehen an einer Hauswand liest. Allerdings ist es nicht unwahrscheinlich, dass jemand, der schon beim Friseur sitzt, sich auf Empfehlung des Friseurs zu einer Pflegebehandlung nach dem Haarschnitt entschließt oder beim Notar nach Abschluss eines Kaufvertrags für ein Haus gleich noch ein Testament abfassen lässt. Insofern gehören das Erkennen und Befriedigen solcher unbewussteren Bedürfnisse zu den wichtigen kundenorientierten Tätigkeiten eines guten Verkäufers.

Interessant ist es auch, die Frage zu beleuchten, warum Geschäfts- oder Privatkunden überhaupt Produkte und Leistungen kaufen. Der Geschäftskunde tut es (wie alles), um seinem Unternehmenszweck zu dienen, also seinen Gewinn oder seinen Unternehmenswert zu maximieren, sei es durch Kosteneinsparungen oder durch Erzielung höherer Erlöse in seinem Markt. Der Privatkunden tut es genauso, um seinem Lebenszweck zu dienen, also sein Glück zu maximieren. Sie sind als Verkäufer ein gern gesehener Gesprächspartner, da Sie durch Ihre Tätigkeit dazu beitragen, entweder Gewinn oder Glück zu erhöhen. Das sollten Sie sich immer vor Augen halten, selbst wenn Sie meinen, im Verkaufsgespräch andersartige Botschaften zu erhalten.

Allerdings ist das gesellschaftliche Ansehen von hauptberuflichen Verkäufern – im Vergleich zu Ärzten, Anwälten oder Ingenieuren – deutlich schlechter. Der Grund dafür dürfte vermutlich im früher (und teilweise auch heute noch) aggressiven Auftreten von Verkäufern liegen, die versucht haben, ihre Kunden zu überreden, statt zu überzeugen und die sich nicht um die Befriedigung der „echten" Bedürfnisse ihrer Kunden gekümmert haben. Auch ist der klassische Verkäuferberuf eine Domäne der Quereinsteiger, die zumeist nur eine geringe oder gar keine Ausbildung genossen haben. Fairerweise sei jedoch angemerkt, dass sich das Berufsbild des Verkäufers bzw. Vertriebsmitarbeiters insbesondere im „Business to Business"-Bereich (B2B) drastisch gewandelt hat. Gerade im B2B sind die Vertriebsmitarbeiter in vielen Fällen hoch qualifizierte Fachleute und Akademiker, die mit Fachwissen und technischen Details glänzen. Da Sie ebenfalls primär Fachfrau/-mann sind und von Ihren Mandanten, Patienten, etc. – eben „Kunden" – nicht als Verkäufer wahrgenommen werden, sollten Sie sich auch nicht lange mit dem negativen Image der „Klinkenputzer" beschäftigen.

1.2 Alleinstellungsmerkmal: Was ist der Nutzen hinter meinem Produkt?

Wie schon erwähnt, verkauft man niemals ein Produkt oder eine Dienstleistung, sondern einen Nutzen. Dafür erhält man eine Gegenleistung, zumeist Geld (je größer der Nutzen für den Kunden, desto mehr ist er bereit zu bezahlen vgl. Menthe und Sieg 2018). Deswegen ist es erforderlich, dass Sie sich über den Nutzen Ihres Produkts oder Ihrer Dienstleistung für den Kunden vollkommen im Klaren sind.

> **Beispiel: Unterschied von Produkt und Nutzen**
>
> Ein Gartenbesitzer will eigentlich keinen Rasenmäher, sondern einen gepflegten Rasen (Nutzen). Er sucht daher nach einer Möglichkeit, den Rasen kurz zu halten, und kauft sich dann entweder einen Rasenmäher (Produkt) oder bevorzugt eine andere Lösung. Alternative Lösungen wären beispielsweise ein Gärtner-Service (eine Dienstleistung) oder eine Schafherde.
>
> Von Charles Revson (1906–1975), dem Gründer der Kosmetikfirma Revlon, ist sinngemäß der Satz überliefert: „Im Unternehmen produzieren wir Kosmetik, in der Parfümerie verkaufen wir Hoffnung." (Vgl. Twitchell 2003, S. 123)

Man unterscheidet dabei gerne zwischen dem Hauptnutzen und etwaigen Nebennutzen (Zusatznutzen). Doch um den Nutzen für seine Kunden in aller Tiefe zu verstehen, muss man noch weiter ausholen und zunächst einmal deren Bedürfnisse kennen. Natürlich sind Bedürfnisse und folglich der Nutzen eines Produkts bei jedem Kunden verschieden, aber zumeist lassen sich Kunden bzw. deren Bedürfnisse zu Gruppen (Cluster, Segmente, Zielgruppen) zusammenfassen.

> **Beispiel: Nutzenkategorien**
>
> Bei einem teuren Design-Kugelschreiber liegt der Hauptnutzen darin, dass man damit schreiben kann. Das kann man aber mit einem billigen auch. Ein Nebennutzen könnte sein, dass er besonders gut in der Hand liegt (Erbauungsnutzen) oder dass man damit vor Kollegen oder Freunden seinen persönlichen Stil beweisen kann (Geltungsnutzen).

> Hat man mit einem Notar sein Testament verfasst, liegt der Hauptnutzen sicher in einem rechtssicheren Eigentumsübergang nach dem Ableben, ein Nebennutzen könnte das gute Gefühl sein, etwaigen Streit unter seinen Erben verhindert zu haben. Für diese gute Vorausplanung bereits zu Lebzeiten Anerkennung zu erhalten, wäre dann ein Geltungsnutzen. Alle diese Nutzen können ein gutes Argument darstellen, wenn man sich dazu entschließt, seinen letzten Willen mit Hilfe eines Notars abzufassen.

Die Ableitung der Bedürfnisse kann aus Kundengesprächen oder mithilfe klassischer Marktforschung erfolgen, der Unterschied liegt nur in der Breite und Tiefe. Die bisherige Verwendung eines Produkts (z. B. PC) kann ein Hinweis auf das Bedürfnis eines Kunden sein, aber nicht notwendigerweise, denn vielleicht hat er bislang noch keine bessere Lösung gefunden. Nur weil jemand einen PC und kein Tablet nutzt, bedeutet das nicht notwendigerweise, dass er die Verwendung von Tablets ablehnt, sondern kann auch darauf zurückzuführen sein, dass er bislang noch kein Tablet ausprobiert und daher den Nutzen nicht erfahren hat.

Eine genaue Kenntnis der Kundenbedürfnisse erlaubt Ihnen, genau das anzubieten, was der Kunde wirklich benötigt. Damit werden Angebote in zu hoher Qualität (zu teuer, zu kompliziert) oder in zu niedriger Qualität (unbrauchbar) vermieden (vgl. Sickel 2013).

Zu unterscheiden ist dabei, ob die aus den Kundenbedürfnissen ermittelten Nutzen einen Nutzen für eine übergeordnete Organisation (Firma, Familie etc.) darstellt (engl. „result") oder persönlich für die kaufende Person (engl. „win"). Zumeist ist der Hauptnutzen ein „result", während in den Nebennutzen oder Geltungsnutzen der persönliche „win" liegt. Das „result" beschreibt „was" der Kunde kauft, der „win" begründet, warum er sich für genau dieses Angebot entschieden hat.

> **Beispiele: „Win"**
> 1. **Beruf**
>   – bewirkt höheres Ansehen
>   – signalisiert Anerkennung als Führer und Problemlöser
> 2. **Besseres Image**
>   – enthält Einmaliges
>   – erhöht Autorität
>   – leistet einen wichtigen Beitrag für das Unternehmen

> 3. **Mehr Macht**
>   - bringt Kontrolle über andere
>   - bleibt in Position/verbessert Position
>   - erhöht Karrierechancen
>   - mehr Freiheit und Flexibilität
>   - steigert Wachstumspotenzial
> 4. **Mehr Kompetenz**
>   - steigert Fertigkeit und Qualität der eigenen Arbeit
>   - erhöht Produktivität
>   - verbessert/erlangt neue Fähigkeiten
>   - schafft mehr Zeit für wesentlichere Aufgaben
> 5. **Privates**
>   - mehr Freizeit/Zeit für die Familie
>   - sichert/verbessert sozialen Status/Stellung
>   - verleiht höheres Ansehen
>   - bewahrt Lebensstil/Lebensstandard
>   - gibt soziale Sicherheit

Wenn Ihr Angebot einen einzigartigen Kundennutzen bietet, nennt man das „Alleinstellungsmerkmal" oder USP (engl. „**U**nique **S**elling **P**roposition"). Dieses „Das-gibt-es-nur-bei-mir" ist ein signifikanter Wettbewerbsvorteil. Der USP muss sich aber nicht unbedingt auf das Produkt beziehen, er kann auch im Bereich der Preisgestaltung, Lieferung, Rücknahme, Garantien, im Service etc. liegen. Jedenfalls lohnt es sich, seinen USP zu finden, ihn zu formulieren und dann zu propagieren (s. Abb. 1.1).

> **Beispiel: Alleinstellungsmerkmal/USP**
>
> Zalando, der Online-Versandhändler, der 2008 mit dem Versand von Schuhen begonnen hatte, konnte das Problem, dass man Schuhe eigentlich vor dem Kauf probieren muss, damit lösen, dass er eine großzügige Rücknahmegarantie angeboten hat. Damit wurde auch ein nicht leicht zu kopierender USP geschaffen. Rücklaufquoten von mehr als 50 % (Durchschnitt im deutschen Versandhandel sind 20 %) hatte man im Geschäftsmodell eingeplant: „*Schrei vor Glück – oder schick's zurück*". Nach Protesten von Umweltschützern wegen vermehrten Verpackungsmülls und Transporten nahm Zalando den zweiten Teil des Slogans zurück, jedoch ohne seine Politik zu ändern.

1 Was bedeutet „Verkaufen" für Freiberufler?

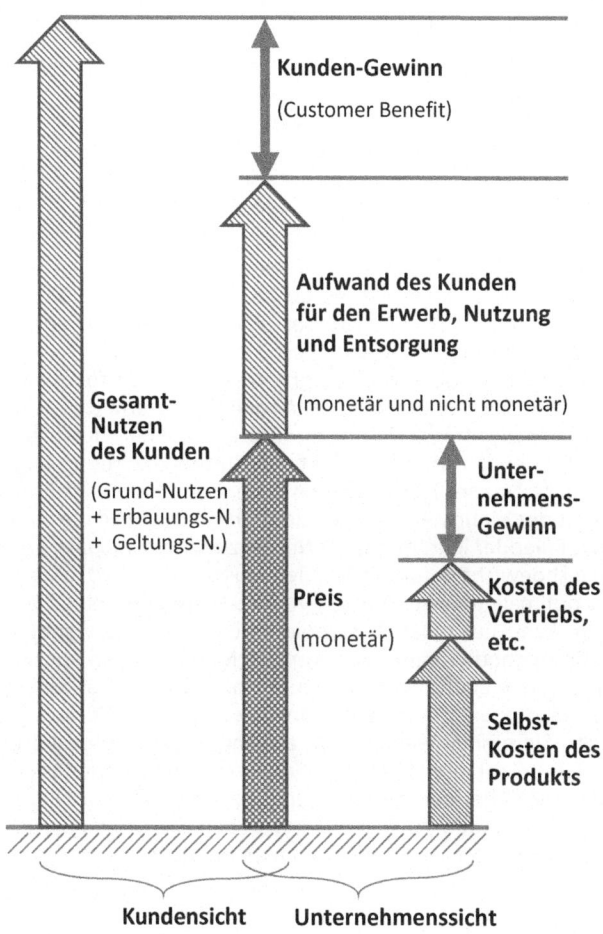

Abb. 1.1 Kundennutzen, Preis und Kosten

Damit Sie bei der Formulierung von Kundennutzen und USP die wichtigsten Aspekte berücksichtigen, hier eine Kurzanleitung, wie Sie schrittweise vorgehen können:

> **Kleine Anleitung zur Ermittlung des Nutzens**
>
> 1. Vergleichen Sie Ihr Produkt mit dem einfachsten und billigsten Produkt am Markt, das denselben Zweck erfüllt (Grundnutzen). Da es ja wohl einige Menschen gibt, die dieses Produkt kaufen, sind das die Mindestanforderungen und sein Preis der Grundwert.
> 2. Wenn Sie die Bedürfnisse Ihrer Zielgruppe kennen, dürfte es Ihnen möglich sein, die Nebennutzen Ihres Angebots zu ermitteln und deren Mehrwert zu beziffern. Natürlich wäre es denkbar, durch qualitative Verbesserungen an Ihrem Produkt die Zusatznutzen zu steigern und damit den Mehrwert, jedoch steigen in der Regel der zusätzliche Nutzen und damit der Mehrwert nicht im gleichen Ausmaß wie die zusätzlichen Kosten („fallender inkrementeller Nutzenzuwachs"), sodass ein vernünftiges Gleichgewicht gefunden werden muss.
> 3. Für das optimalen Kosten/Nutzen-Verhältnis gibt es keine Formel. Das Optimum kann nur durch Ausprobieren (oder sehr aufwändige Marktforschungsmethoden) gefunden werden. Man kann sich aber durch das Anbieten verschiedener Qualitätsstufen behelfen. Es hat sich bewährt, dasselbe Produkt in drei Varianten anzubieten: Billig – Normal – Luxus.
> 4. Überlegen Sie einmal wie Sie z. B. als Anwalt Vertragsgestaltungen in drei Varianten anbieten könnten oder als Architekt Planungsleistungen. Behalten Sie dabei die Idee im Auge, den geforderten Nutzen durch alternative Lösungen zu bieten, und geben Sie nicht zu schnell auf! Dieses „Stufen" von Leistungen ist schwierig, aber möglich.

1.3 Es gibt mehr Verkäufer als Sie denken: Wer verkauft für Sie?

Was für eine merkwürdige Frage, werden Sie vermutlich denken. Zu allererst sind natürlich Sie Verkäufer Ihres Produkts oder Ihrer Leistung. Damit sind wir bereits an einem wichtigen Punkt angelangt: Nicht nur das Produkt, sondern auch die Person, die dahintersteht, will verkauft werden. Ihr Ruf (Image) ist ihre Marke (Brand) (Abschn. 2.3.3).

Zweitens sind alle Ihre direkten Mitarbeiter, vielleicht nicht unmittelbar und direkt, aber ggf. durch die Erfüllung einer Kundenerwartung oder durch Hinweise auf weitere Lösungen gute Verkäufer Ihres Produkts. In Maschinenbaufirmen sagt man: „Die erste Maschine verkauft der Verkäufer, die zweite der Servicetechniker." Wer ist Ihr „Servicetechniker"?

Drittens sind die sogenannten Empfehlungsgeber die wirkungsvollsten Verkäufer, aber auch die schwierigsten. Sie sind nicht kontrollierbar und nur schwer beeinflussbar. Denken Sie nur einmal, wie schnell ein Produkt durch die Sozialen Medien und mithilfe von Verbraucherportalen zum Hype, aber auch zum Flop werden kann. Mehr darüber, wie Sie eine persönliche Empfehlung erhalten können, lesen Sie in Abschn. 2.4.

Und viertens gibt es natürlich die klassische Werbung mit ihrer Vielfalt an Kommunikationsmitteln und -wegen, die Sie und Ihr Produkt bei Ihrer Zielgruppe bekannt machen (Abschn. 4.1).

Zur gezielten Nutzung von Vertriebspartnern finden Sie Hinweise in Abschn. 2.3.

Ihr Transfer in die Praxis

Fragen, die Sie sich stellen sollten:

- Kann ich mich als Verkäufer meines Produkts oder meiner Leistung sehen?
- Kann ich die verschiedenen Nutzen meines Angebots/meiner Leistung zutreffend formulieren?
- Habe ich eine Methode, um die Bedürfnisse eines Kunden in aller Tiefe zu erforschen?
- Was ist der mögliche „win" für meine Kunden?
- Welches Alleinstellungsmerkmal hat mein Produkt (USP)?
- Wer sind meine Verkäufer?

Literatur

Menthe T, Sieg M (2018) Kundennutzen – Schlüssel zum Verkaufserfolg. Wie Sie Mehrwert bieten, Preise leichter durchsetzen und Profitabilität sichern. Springer Gabler, Wiesbaden

Schönbach K (2019) Verkaufen, Flirten, Führen. Persuasive Kommunikation – ein Überblick. Springer, Wiesbaden

Sickel C (2013) Verkaufsfaktor Kundennutzen. Konkreten Bedarf ermitteln, aus Kundensicht argumentieren, maßgeschneiderte Lösungen präsentieren. Springer Gabler, Wiesbaden

Twitchell JB (2003) Living it up: our love affair with luxury. Simon und Schuster, New York

2
Phasen des Verkaufs- und Kaufprozesses

Zusammenfassung Kaufen bzw. Verkaufen läuft meist nach einem Schema ab, das für alle Branchen und alle Kunden sehr ähnlich ist. Das moderne Modell der „Kundenreise" (Customer Journey) ersetzt dabei das althergebrachte Denken in Verkaufsphasen. Wo Sie Ihre Kunden finden können und wie viele es sind, wie sich diese für Ihr Angebot gewinnen lassen und welche Aktivitäten bzw. Kommunikationsinhalte in welcher Phase wichtig sind, kann man systematisch ermitteln und dann konsequent anwenden. Mithilfe des kundenzentrierten Ansatzes der 4 C anstelle der klassischen unternehmenszentrierten Perspektive der 4 P lässt sich die Gestaltung Ihres Marktauftritts eindeutig formen. Wichtig ist dabei auch die Frage, ob zunächst der Aufbau einer Marke erforderlich ist und wie das gelingen kann. Zudem wird bei dieser Betrachtung klar, inwieweit das Verkaufen über Vertriebspartner sinnvoll sein kann und welche Bedeutung das Internet für die Kundenkommunikation einerseits und als neuer Verkaufskanal andererseits hat.

In diesem Kapitel finden Sie Antworten auf folgende Fragen:

- Welche Phasen durchläuft der Kaufprozess meiner Kunden?
- Welche Bedeutung haben die Kundenkontaktpunkte und wie entsteht dabei ein sogenanntes Kundenerlebnis? Welche der Kontaktpunkte kann ich beeinflussen und wie?
- Wie kann ich das Modell des Verkaufstrichters für mich nutzen? Wie schaffe ich ausreichend potenzielle Neukunden?
- Welche Hilfestellung gibt mir die Definition des eigenen „Marktes" und die Abschätzung seiner Größe?
- Welches sind die Elemente meines Marketings und wie kann ich sie gut aufeinander abstimmen?
- Wie hilft mir eine Marke und kann auch ich eine Marke schaffen?
- Inwieweit kann es sinnvoll sein, Vertriebspartner hinzuzuziehen?
- Wie erhalte ich persönliche Empfehlungen?
- Was bringt mir das Verkaufen über das Internet?

2.1 Die Kundenreise: Wie gehen Kunden beim Kauf vor?

Der Kaufprozess beginnt schon viel eher, als Sie es wahrnehmen können. Wenn eine Kunde einen Bedarf bei sich feststellt und erste Überlegungen anstellt, wie er dieses Bedürfnis decken könnte, geschieht das zunächst, ohne dass Sie als Anbieter davon Kenntnis haben. Auch wie Ihr Kunde Ihr Produkt dann schlussendlich nutzt und wie zufrieden er damit ist, können Sie zumeist nur bruchstückhaft in Erfahrung bringen. Man spricht daher von der so genannten „Kundenreise" (Customer Journey), in der Sie nur einige Abschnitte begleiten können (s. Tab. 2.1). Je früher Sie in diese Kundenreise einsteigen und je enger Sie diese begleiten können, desto größer sind Ihre Verkaufs- und Wiederverkaufschancen.

Währen dieser Reise kommt der Kunde ggfs. an mehreren Stellen mit Ihrem Firmennamen, Ihrem Produktnamen, Ihrer Marke, mit Ihnen persönlich oder Ihren Mitarbeitern und dem Produkt selbst in Kontakt. Während dieser Kontaktpunkte (Customer Touch Points) bildet er sich seine Meinung zu Firma und Produkt. Man sprich dabei vom Kundenerlebnis (Customer Experience) bei jedem Kontakt (vgl. Rusnjak und Schallmo 2018). Manche dieser Kontakte können Sie aktiv beeinflussen (z. B. bei einem Kundengespräch), andere aber nicht (beispielsweise,

Tab. 2.1 Phasen der Kundenreise

Phase	Aufmerksamkeit (Awareness)	Überlegung (Consideration)	Kauf (Acquisition)	Erhalt (Retention)	Kundenbindung (Advocacy)
Typische Aktivität	Der Kunde hat ein Problem und sucht Angebote, die Abhilfe schaffen.	Der Kunde informiert sich über alternative Produkte, sammelt Informationen aus verschiedenen Quellen und erwägt den Kauf.	Der Kunde nimmt Kontakt auf. Er entscheidet sich. Er erteilt den Auftrag.	Kunde nutzt das Produkt. Er ist zufrieden (ggf. auch von Kundenservice). Er kauft es wieder.	Der Kunde empfiehlt das Produkt an Freunde und Familie.
Benutze Quellen/ Medien	Klassische Werbung; Internet (Blogs, Social Media, Foren); Gespräche im weiteren Bekanntenkreis	Internet (Suchmaschinen, Foren, Reviews, Preisvergleichs- und Bewertungsportale) Diskussionen im engeren Kreis	Telefon, Geschäftslokal, Internetshop Gespräch mit Partner/ innerhalb Einkaufsgruppe	Gebrauchsanweisung Servicenagebote Zufriedenheitsabfrage durch Lieferanten	Internet (Feedback, Bewertungen, Social Media) Gespräche im engeren und weiteren Bekanntenkreis

wenn ein Kunde im Bekanntenkreis über Ihr Produkt spricht). Frühe Kontakte kommen meist im Internet zustande, weswegen dem Internet mittlerweile eine so große Bedeutung zukommt (s. Abschn. 2.4).

Es lohnt auch, die typische Kundenreise Ihrer Kunden zu beschreiben bzw. grafisch darzustellen (customer journey mapping) und sich anhand dieses Bilds zu überlegen, welche Kontaktpunkte Ihnen zur Verfügung stehen und wie Sie Ihren Kunden dort mit einem positiven Kundenerlebnis für sich gewinnen können. Manche Firmen machen diese Übung sogar zweimal im Jahr, um möglichen Veränderungen im Kundenverhalten zu folgen. In den meisten Fällen genügt es jedoch, sich alle zwei bis drei Jahre damit zu beschäftigen.

2.2 Die Überwachung des Neukundenprozesses

Das klassische Modell des Verkaufstrichters bzw. der Pipeline gilt zwar als veraltet, da es auf der Vorstellung des „Hineinverkaufens" (push) beruht, anstatt auf der Befriedigung von Kundenbedürfnissen (pull). Dennoch ist es noch immer ein praktisches Denkmodell und ein vereinfachtes Prozesssteuerungsinstrument (s. Abb. 2.1).

Die Idee des Verkaufstrichters ist, dass jeder potenzielle Neukunde durch einen (löchrigen) Trichter wandert und dabei entweder in eine weitere Phase des Verkaufsprozesses kommt oder den Prozess verlässt, weil er sich entschließt, woanders oder gar nicht zu kaufen. Hierbei wird vorausgesetzt, dass es ein mehr oder weniger stabiles Verhältnis zwischen neu angesprochenen potenziellen Kunden und effektiven Abschlüssen gibt. Auch die Prozentsätze an Kunden, die von einer Verkaufsphase zur nächsten weiterkommen oder verloren werden, bzw. die „Durchlaufzeiten" variieren nur gering. Somit lässt sich bei einer gewissen Anzahl neu angesprochener Kunden ganz gut prognostizieren, wie viele Abschlüsse in einer bestimmten Periode voraussichtlich gemacht werden. Auf diese Weise lässt sich auch ein Controllingprozess aufbauen, der zeigt, ob

a. genügend neue Potenzialkunden gefunden (in den Trichter geworfen) wurden und die Verweildauer in den einzelnen Phasen nicht überzogen ist und daher der Kunde wieder angesprochen werden muss.

2 Phasen des Verkaufs- und Kaufprozesses

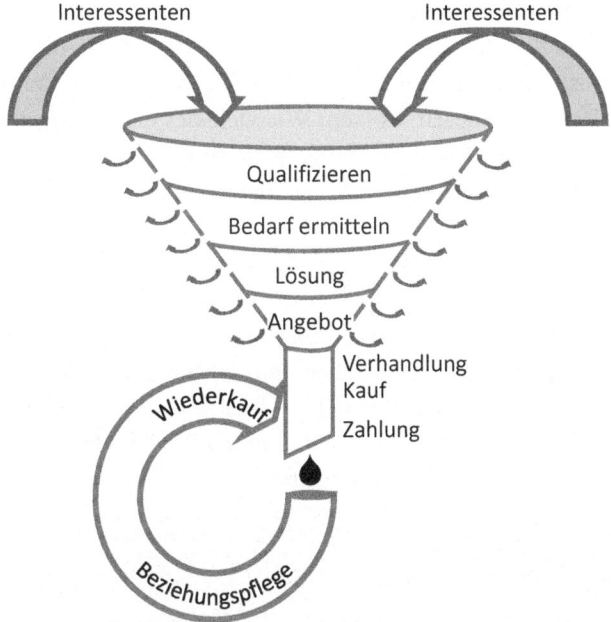

Abb. 2.1 Modell des Verkaufstrichters

2.3 Markt, Marke, Marketing: Was bedeute das für mich?

2.3.1 Der Markt: Ihr maximal erreichbarer Kundenkreis

Es kann sehr hilfreich sein, wenn man sich die Frage beantwortet: „Was ist mein Markt?" Und: „Wie groß ist er?" Insbesondere wenn man mit seinen Produkten mehrere mögliche Marktsegmente oder Teilmärkte bedienen könnte, stellt sich sofort die Frage, welche die größten bzw. attraktivsten sind. Die Größe bzw. der Wert eines Marktsegments lassen sich nicht exakt berechnen, jedoch zumeist gut abschätzen. So kann z. B. ein Notar die Gesamtzahl der zu erstellenden Immobilienkaufverträge in seiner näheren Umgebung aus der von Maklerverbänden veröffentlichten Anzahl von Immobiliengeschäften ableiten.

Neben der Gesamtgröße Ihres Marktes und der Gesamtanzahl der potenziellen Kunden in Ihrem Markt ist es auch nicht unwesentlich, für die Akquise zu ermitteln, wie die Größenverteilung der potenziellen Kunden ist. Mit anderen Worten: Wie viele der Gesamtanzahl von potenziellen Kunden in Ihrem Wirkungskreis sind „sehr groß", „groß", „mittel", „klein", „sehr klein" (XL, L, M, S, XS). Das lässt sich unter Umständen auch aus vorliegenden Statistiken ableiten. Sehr häufig ist dabei zu beobachten, dass für diese Größenverteilung, speziell bei Unternehmenskunden, das Paretoprinzip gilt (20:80-Regel: Die größten 20 % aller Kunden machen schon ca. 80 % des Marktvolumens aus; in extremen Fällen sprich man sogar von einem 5:95-Verhältnis). Da Sie zumeist aufgrund Ihrer Struktur und Ihrer Organisation eine gewisse Kundengröße bevorzugen, gibt Ihnen das einen Hinweis darauf, welcher Teilmarkt Ihnen dann zur Verfügung steht.

Paretoprinzip

Das Paretoprinzip besagt, dass 80 % der Ergebnisse mit 20 % des Gesamtaufwands erreicht werden. Die verbleibenden 20 % der Ergebnisse erfordern dann mit 80 % des Gesamtaufwands die quantitativ meiste Arbeit.
   Das Paretoprinzip ist nach dem vom italienischen Ingenieur, Ökonom und Soziologen Vilfredo Pareto (1848–1923), einem Mitbegründer der Wohlfahrtsökonomik, benannt. Pareto untersuchte Ende des 19. Jahrhunderts die Verteilung des Grundbesitzes in Italien und fand heraus, dass ca. 20 % der Bevölkerung ca. 80 % des Bodens besitzen und leitete daraus das statistische Phänomen ab, dass eine kleine Anzahl von hohen Werten einer Wertemenge mehr zu deren Gesamtwert beiträgt als die hohe Anzahl der kleinen Werte dieser Menge.
   (Wikipedia o. J.)

2.3.2 Marketing: So gestalten Sie systematisch Ihr Angebot

Unter Marketing werden alle Aktivitäten verstanden, die dazu dienen, ein Kundenbedürfnis zu befriedigen. Das darf nicht (nur) mit Werbung gleichgesetzt werden. In diesem Zusammenhang wird klassischerweise von den vier „Marketing-Instrumenten" (4P) gesprochen:

1. *Product:* Die Produktgestaltung, das Ausrichten des Produktes nach den Bedürfnissen der Kunden
2. *Price:* die Preisgestaltung, das Setzen von Preisen und Nachlässen nach der Zahlungsbereitschaft der Kunden
3. *Promotion:* das Bekanntmachen Ihres Produkts bei den Zielkunden
4. *Place:* die Wahl eines optimalen Vertriebsweges für Ihr Produkt

Als Merksatz für die englische Bezeichnung der vier Elemente (product, price, promotion, place) spricht man von den „4P" des Marketings, wobei den beiden Ersteren eine grundlegendere Bedeutung zukommt als den beiden Letzteren. Wesentlich ist, dass alle 4P aufeinander abgestimmt sind und daher immer simultan geplant werden müssen (Marketing-Mix). Verändert man eines der Elemente, müssen auch alle anderen Elemente dementsprechend angepasst werden. Auch wenn mehrere Marktsegmente oder Kundengruppen mit klar unterscheidbaren Bedürfnissen angesprochen werden sollen, muss für jedes Segment ein eigener optimierter Marketing-Mix entwickelt werden.

Eine Trennung von Marketing und Verkaufen ist insbesondere für freiberuflich Tätige nicht möglich. Im engeren Sinne ist auch der Verkaufsprozess ein Teil des vierten P (Place = Vertriebsweg).

Da ich hier nicht weiter auf Details des Marketings eingehen möchte, finden Sie am Ende dieses Kapitels weiterführende Literatur, falls Sie sich genauer informieren möchten.

Neuere kundenzentrierte Definitionen der Marketing-Mix-Elemente

In der modernen Marketing-Literatur findet man gelegentlich noch weitere Elemente bzw. anstatt der 4P, beispielsweise die 4C:

1. *Customer Solutions* (Wert einer Lösung für ein Kundenbedürfnis) anstatt Product
2. *Customer Cost* (alle Aufwendungen und Mühen auf Seiten des Kunden einschließlich Umweltkosten) anstatt Price
3. *Convenience* (Einfachheit des Erwerbs und der Benutzung) anstatt Place
4. *Communication* (interaktiver Unternehmensdialog) anstatt Promotion

2.3.3 Marke: Vertrauensaufbau und Kundenversprechen

Eine griffige Definition von „Marke" ist für mich sinngemäß: „Deine Marke ist, wie man über dich spricht, wenn du nicht im Raum bist". Die Marke ist so etwas wie ein Nutzenversprechen, das beim Anblick/Hören/Erleben von Marken-Zeichen/-Text/-Bild/-Ton oder des Produkts selbst im Kopf des potenziellen Käufers entsteht. Denken Sie doch einmal an Coca-Cola-Werbung. Selbst wenn Sie kein Liebhaber von koffeinhaltigen Erfrischungsgetränken sind, wird Ihnen aufgefallen sein, dass die Werbeaussagen von Coca-Cola immer auf die Verbreitung von Lebensfreude, meist im sozialen Kontext, abzielen. Damit ist diese Programmierung beabsichtigt: „Willst du mehr Freude am Leben, trink Coca-Cola." Und dieser Gedanke wird bereits beim Anblick der speziell geformten Flasche transportiert.

Der (bewusste) Aufbau einer Marke, wie wir sie von den großen Konsumentenprodukten kennen, ist für Freiberufler nahezu unmöglich. Der finanzielle und zeitliche Aufwand wäre unverhältnismäßig groß. Automobil, Lebensmittel und Kosmetikfirmen stecken jährlich Millionenbudgets in Markenaufbau und -erhalt und beschäftigen zahlreiche Markenspezialisten hierfür.

Jedoch kann so manche langjährig gut eingeführte Kanzlei, ein Fotostudio oder ein Architektenbüro von sich sagen: „Ich bin eine Marke" – natürlich nur in seinem (begrenzten) lokalen Markt. Der Name allein verbürgt schon für eine positive Eigenschaft (hohe Qualität, Zuverlässigkeit, Geschwindigkeit, Kundenähe, Innovativität etc.), die am jeweiligen Markt nachgefragt ist. Die betreffende Firma hat dieses Renommee durch bewusstes und konsistentes positives Verhalten erreicht, geleitet durch die eigenen Werte – und natürlich über einen langen Zeitraum hinweg (vgl. Errichiello und Zschiesche 2018, S. 11 ff.).

> **Wie schaffe ich eine Marke?**
> Werte sind der Mittelpunkt Ihrer Marke. Sie sind das Zentrum, von dem alles ausgeht – einschließlich des Erscheinungsbilds Ihrer Marke (Design), der Botschaft (Inhalt und Tonalität) und der Beziehungen (Kundenmanagement).

1. Entdecken Sie Ihre wahren Werte: Stellen Sie sich eine negative Erfahrung vor, die Sie mit einer Firma/Marke gemacht haben. Wie war das Gefühl, das Sie bei dieser Erfahrung hatten und das Sie vermeiden möchten? Was ist das Gegenteil, das Ihre Kunden erleben sollen?
2. Entwickeln Sie eine Idee, warum Ihre wahren Werte so wichtig sind und was sie für Sie, Ihre Mitarbeiter und Ihre Kunden bedeuten. Wenn Sie Ihre Werte in nur einem Satz zum Ausdruck bringen könnten, wie würde der lauten? Mit anderen Worten: „Wofür steht Ihre Marke?"
3. Kommunizieren Sie diese Werte unermüdlich in Ihren Markt und handeln Sie danach, immer und ohne Ausnahme, auch wenn es anstrengend, teuer oder gerade anscheinend nicht opportun ist.

2.4 Risiken und Nutzen von Vertriebspartnern: Persönlich verkaufen oder sich verkaufen lassen?

Neukundenakquise ist mühevoll und frustrierend. Eine Erfolgsquote von 20 % (was bereits sehr viel ist) bedeutet, dass 80 % der Verkaufsbemühungen scheitern; bei 2 % Erfolg (nicht unüblich) heißt das eben 98 % Misserfolg. Und es kann sehr lange dauern, bis man sich einen ausreichenden Kundenstamm aufgebaut hat. Nicht jeder ist dieser Frustration gewachsen (oder will damit seine Zeit verbringen). In diesem Fall kann „Going Indirekt" eine Alternative darstellen. „Going Indirect" bedeutet, sich einer anderen, im Markt bereits etablierten Institution (Händler, Makler, Internetplattform etc.) zu bedienen, um die eigenen Leistungen zu präsentieren (vgl. Bech 2016). Dadurch wird Ihre Leistung schlagartig dem schon bestehenden Kundenkreis des Absatzmittlers zugänglich gemacht (vgl. Gabler Wirtschaftslexikon 2019; Bruhn 2019, S. 260 ff.). Zudem verfügen viele dieser Absatzmittler über eigene Verkaufsorgane, die nunmehr auch Ihre Produkte und Leistungen aktiv verkaufen. Natürlich muss sich Ihr Produkt für einen derartigen indirekten Vertrieb eignen, wie z. B. standardisierte (Massen-)Produkte. Andererseits müssen sie zum bestehenden Portfolio des Absatzmittlers passen. So kann auch ein weiterer Grund für indirekten Vertrieb sein, dass die angebotene Leistung von Kunden eher „im Bündel" nachgefragt wird (z. B. Gerät und Verbrauchsmaterial).

Insgesamt bedeutete es, dass der Verkauf ausgelagert wird (Outsourcing). Dafür erhält der Vertriebspartner (Absatzmittler) eine angemessene Vergütung (Händlermarge). Das hat auch den (angenehmen) Nebeneffekt, dass die Kosten für den Vertrieb keine Fixkosten mehr sind, wie bei z. B. angestellten Verkäufern, sondern von der abgesetzten Menge abhängen („Variabilisierung" der Vertriebskosten). Insbesondere wenn man neu im Geschäft ist, kann das ein Vorteil sein. Die drei übrigen „P" des Marketings (Abschn. 2.2.1) müssen dennoch verfolgt und auf das indirekte Modell abgestimmt werden.

Jedoch kein Vorteil ohne Nachteil. Während Sie beim direkten Verkauf Ihre Kunden selbst auswählen, Preise festlegen und Kommunikationsinhalte bestimmen können, ist dies beim Absatz über Mittler nur sehr eingeschränkt möglich. Sie verlieren bis zu einem gewissen Grad die „Kontrolle" über den Verkaufsprozess (s. Abb. 2.2). Zudem kann es außerordentlich schwierig bzw. teuer werden, sich – im Fall der Fälle – von einem Mittler wieder zu trennen. Bevor Sie sich zu so einem Schritt entschließen, bewerten Sie alle Vor- und Nachteile (vgl. Müller 2008; Bruhn 2019, S. 268 f.). Dazu kommt natürlich, dass Sie die Vertriebspartner laufend „betreuen" müssen, also Produkte und geplante Mengen abstimmen, Probleme beseitigen sowie gemeinsame Marketingmaßnahmen besprechen und ggfs. finanzieren.

Die hohe Kunst ist es, über mehrere Verkaufskanäle zu verkaufen (Multi-Channel Marketing), wobei einer der Kanäle auch der direkte persönliche Verkauf sein kann und ein anderer beispielsweise Ihre eigene Website oder Ihr Shop. Bei mehreren Verkaufskanälen treten in aller Regel zahlreiche Konflikte auf, insbesondere bei der Preisgestaltung, die sorgfältig gemanagt werden müssen. Hier gilt der Grundsatz: „Viel hilft nicht immer viel."

2.5 Wie man sich Freunde macht: Wozu persönliche Empfehlungen, Xing, LinkedIn, Facebook, YouTube & Co.?

Wie schon gesagt ist es das Wichtigste, dass Sie in Ihrem „Markt" mit Ihren Leistungen bekannt sind. Um das zu erreichen, ist (nahezu) jedes Mittel recht. Die Nennung Ihres Namens oder Ihrer Firma ist auf jeden

Direkter Vertrieb

+ Vollständige Kontrolle über
  - Zielgruppen
  - Preis
  - Kommunikation
+ Höchste Marge
+ Besseres Feedback vom Markt

− Hohe Vertriebskosten

Indirekter Vertrieb

+ Größere Reichweite
+ Geringere Vertriebskosten

− Geringere Marge
− Schlechtere Steuerbarkeit von
  - Zielgruppen
  - Preise
  - Kommunikation
− Notwendigkeit für Zwischenhändler-Betreuung

Abb. 2.2 Vor- und Nachteile von direktem und indirektem Vertrieb

Fall hilfreich, um neue Kunden auf Sie als potenziellen Problemlöser aufmerksam zu machen. Sie können also gar nicht genügend Lärm machen. Eine persönliche Empfehlung zu erhalten ist dabei das Wirkungsvollste, aber auch das Schwierigste. Ihr Profil und ein paar kluge Blogbeiträge auf Xing/LinkedIn/Facebook etc. zu veröffentlichen kostet Sie nur die persönliche Arbeitszeit und etwas Kreativität, ist aber auch häufig von begrenzter Wirkung. Allerdings sind die meisten meiner Beratungsaufträge über Xing- oder LinkedIn-Kontakte zustande gekommen. Ein Video, veröffentlich auf YouTube, mit Erläuterungen zu den von Ihnen abgedeckten Themen, ist schon wesentlich wirkungsvoller in unserer überfluteten Internetwelt. Ein Video muss nicht notwendigerweise professionell produziert werden, Hauptsache es ist authentisch und wird aufgrund der Keywords gefunden (Seehaus 2016; Opresnik und Yilmaz 2016). Mehr dazu in Abschn. 4.1.

Eine eigene Website ist Mindeststandard, erwarten Sie jedoch nicht, dass irgendjemand auf Ihre Seite kommt, wenn er nicht speziell nach Ihrer Firma sucht. Und erwarten Sie schon gar nicht, dass jemand mehr als

> **Tipp**
> Zumeist ist es wenig aussichtsreich, eine Person um eine Empfehlung zu bitten, da diese Person dann in irgendeiner Weise Verantwortung für Ihre Leistung übernehmen würde, und das möchten die meisten Menschen nicht. Hilfreicher ist es gegebenenfalls, einen zufriedenen Kunden zu fragen, wer denn in seinem Bekanntenkreis noch ggfs. Ihre Leistungen gebrauchen könnte. Sollten Sie dann Namen erhalten, geben Sie dem Kunden ca. eine Woche Zeit. Vermutlich wird er diese Personen vorinformieren, dass sie von Ihnen kontaktiert werden. Nach einer Woche rufen Sie diese Personen an (vgl. Fink 2014).

zwei Sekunden auf der Seite verbringt, es sei denn, Sie haben etwas wirklich Spannendes darauf präsentiert. SEO (Search Engine Optimization), d. h. Ihre Website unter den ersten bei einer Suchmaschinenabfrage aufgelistet zu bekommen, ist mit Bordmitteln nahezu unmöglich, mit professioneller Hilfe und etwas Geld durchaus machbar, wenn es in Ihrer Branche nicht gerade massenhaft Wettbewerber gibt. In Hamburg gibt es ca. 2500 Anwaltskanzleien (mehr als doppelt so viele wie Frisörsalons) mit ca. 10.000 Anwälten. Da müssen Sie schon viel Energie in die Pflege der Website stecken und laufend neue Texte (Content) platzieren, um bei Google auf Seite 1 zu kommen (und nur das zählt!). Allerdings müssen Sie sich auch fragen, ob das für Ihr spezifisches Geschäft und Ihren potenziellen Kundenkreis wirklich von Bedeutung ist.

Übrigens informieren sich schon ca. 90 % aller Kunden im Netz, bevor sie einen potenziellen Lieferanten ansprechen. Viele professionelle Einkäufer und auch sonstige Entscheidungsträger in Firmen sind „Millenials", also mit dem Internet aufgewachsen. Eine allerdings nicht mehr ganz aktuelle Studie zeigte, dass ca. 65 % aller Käufer im B2B-Geschäft ihre Entscheidung zu potenziellen Lieferanten mehr oder weniger getroffen haben, bevor sie einen Lieferanten ansprechen (Bain & Company 2015). Vermutlich ist der Prozentsatz aktuell noch höher.

2.6 Verkaufen im Internet: Was bringen die neuen Vertriebswege?

Sowohl Konsumenten als auch professionelle Einkäufer finden es heute selbstverständlich, Dinge im Internet zu kaufen oder sich zumindest vorab dort zu informieren.

„RO-PO" = Research Online – Purchase Offline

Dieser Fachterminus bedeutet: sich vorab im Internet zu informieren, mögliche Lieferanten auszuwählen und dann aber – insbesondere, wenn es um komplexe oder teure Dinge geht – nach nochmaliger persönlicher Beratung direkt beim Lieferanten zu kaufen.

Die Kehrseite ist, dass RO-PO auch „Research Offline – Purchase Online" bedeuten kann, also erst persönliche Beratung einholen und dann im Internet beim billigsten Anbieter kaufen.

Keine der beiden Varianten kann man verhindern, aber ggfs. für sich nutzen.

Alle Dinge, die wenig komplex sind, also wenige Auswahlmöglichkeiten erfordern, werden (irgendwann einmal) im Internet erhältlich sein. So bieten z. B. Anwälte die Durchsetzung von Schadensersatzansprüchen bei Flugverspätungen schon über das Internet an. Dazu benötigt man nur die Fluglinie, die Flugnummer und die Verspätung – das war's. Das spart Zeit auf beiden Seiten und verringert die Eintrittsbarriere. Damit dienen diese Angebote beiden fundamentalen Möglichkeiten des Internetverkaufs:

1. Verkaufsprozess optimieren (Zeit und Kosten sparen – auf beiden Seiten; Datenqualität erhöhen –Fehlerquellen ausschalten)

2. Neue Geschäftsmöglichkeiten eröffnen (Angebote machen, die nur über Internet möglich sind; neue Kundengruppen erschließen – Kaufschwellen verringern)

Wann immer man über Aktivitäten im Internet nachdenkt, sollte man sich neben der ersten Möglichkeit auch unbedingt mit der zweiten Möglichkeit auseinandersetzen. Nicht zuletzt sind heute die weltgrößten Firmen aus dieser Option hervorgegangen.

Ob eine Kundenanfrage über Internet bei Ihnen als simple E-Mail landet oder aber sofort hoch automatisiert weiterbearbeitet wird, ob Sie die Anfrage persönlich per Telefon, E-Mail oder Chat beantworten oder ob dahinter „künstliche Intelligenz" steht, hängt von der Natur Ihres Geschäfts ab – und natürlich auch von Ihrer Bereitschaft, sich mit diesen Themen zu beschäftigen.

Im Internet verschmelzen Marketing und Verkauf vollends, da eine Webseite ein Produkt darstellt und erklärt, seine Vorteile herausstreicht und dafür wirbt, den Auswahlprozess unterstützt und schließlich den Kauf direkt ermöglicht. Somit kommen die Auswahl und der Kauf eines Produkts im Internet der Kundenreise (Abschn. 2.1) sehr entgegen, mit dem Vorteil, dass der Kunde jederzeit und ohne Gesichtsverlust den Prozess abbrechen kann. Insofern lohnt es, sich mit dem Thema „Verkauf über Internet" auseinanderzusetzen, denn was es derzeit an Möglichkeiten noch nicht gibt, wird vielleicht in absehbarer Zukunft schon Realität sein.

Ihr Transfer in die Praxis

Fragen, die Sie sich stellen sollten:

- An welchen konkreten Stellen der Customer Journey können Sie Ihre (potenziellen) Kunden erreichen?
- Wie stellen Sie sicher, dass die Customer Experience an allen Touch Points den Kundenerwartungen entspricht?
- Wie füllen Sie Ihren Verkaufstrichter und wie lange dauert es im Durchschnitt, bis ein Potenzialkunde zu einem kaufenden Kunden wird?
- Haben Sie die Größe Ihres Marktes (Ihren maximal erreichbaren Kundenkreis) abgeschätzt und kennen Sie die Verteilung von potenziellen Kunden von XL bis XS?
- Haben Sie Ihre Marketinginstrumente (4P oder 4C) definiert und aufeinander abgestimmt? Haben Sie mehrere Marketing-Mixe erstellt, wenn Sie mehr als ein Kundensegment bedienen wollen?
- Haben Sie einen Plan, wie Sie Ihre Marke entwickeln wollen? Haben Sie Ihre Werte definiert und an alle Mitarbeiter kommuniziert?
- Können Sie sich vorstellen, sich von Vertriebspartnern vertreten zu lassen? Haben Sie ein Konzept, wie Sie das umsetzen wollen?
- Haben Sie ein Konzept für das Empfehlungsmarketing – online wie offline?
- Wie wollen Sie das Internet als Absatzkanal nutzen? Welche neuen Geschäftsmöglichkeiten eröffnen sich durch das Internet für Sie?

Literatur

Bain & Company (2015) Bought not sold. Marketing and selling to digitally empowered business customers. https://www.bain.com/ru/insights/bought-not-sold-marketing-and-selling-to-digitally-empowered-business-customers/. Zugegriffen am 23.07.2019

Bech HP (2016) The direct vs. indirect go-to-market approach. https://tbkconsult.com/key-considerations-for-the-direct-vs-indirect-go-to-market-approach/. Zugegriffen am 09.04.2019

Bruhn M (2019) Marketing. Grundlagen für Studium und Praxis. Springer Gabler, Wiesbaden

Errichiello O, Zschiesche A (2018) Praxis-Check digitale Markenführung im Mittelstand. Springer Gabler, Wiesbaden

Fink KJ (2014) Empfehlungsmarketing. Königsweg der Neukundengewinnung. Springer Gabler, Wiesbaden

Gabler Wirtschaftslexikon (2019) Absatzmittler. https://wirtschaftslexikon.gabler.de/definition/absatzmittler-28647/wikipedia. Zugegriffen am 09.04.2019

Müller T (2008) Vertriebswegswahl junger, innovativer Unternehmen. Einflussfaktoren und Erfolgsauswirkungen. Springer Gabler, Wiesbaden

Opresnik M, Yilmaz O (2016) Die Geheimnisse erfolgreichen YouTube-Marketings. Springer Gabler, Wiesbaden

Rusnjak A, Schallmo DRA (Hrsg) (2018) Customer Experience im Zeitalter des Kunden. Best Practices, Lessons Learned und Forschungsergebnisse. Springer Gabler, Wiesbaden

Seehaus C (2016) Video-Marketing mit YouTube. Springer Gabler, Wiesbaden

Wikipedia (o. J.) Paretoprinzip. https://de.wikipedia.org/wiki/Paretoprinzip. Zugegriffen am 09.04.2019

3

Beratung und Verkauf

Zusammenfassung Verkaufen für Freiberufler bedeutet im Wesentlichen, die Bedürfnisse und Probleme eines Kunden zu verstehen und ihm hierfür Lösungen anzubieten. Verkaufen hat also eher den Charakter einer Beratung als den eines klassischen Verkaufsgesprächs. Mit kleinen Kniffen können Sie Ihr Verständnis der Kundenbedürfnisse weiter verbessern und festlegen, wie umfangreich Ihre Beratungstätigkeit sein sollte, bevor Sie einen Auftrag erhalten. Auch hinsichtlich Ihres Aufwands für das Finden, Binden und Halten von Kunden gibt es klare Regeln. Insbesondere müssen Sie sich strukturierte Vorgehensweisen bei den Themen Kaltakquise und Netzwerken für die Neukundengewinnung zurechtlegen.

> In diesem Kapitel finden Sie Antworten auf folgende Fragen:
> - Warum unterscheiden sich Beratungs- und Verkaufsgespräch nicht voneinander?
> - Warum macht es Sinn, mehr als eine Lösung anzubieten?
> - Welchen Sinn bzw. Vorteil haben Gesprächsleitfäden für mich und meine Mitarbeiter?

- Wie kann ich den eigentlichen Bedarf meiner Kunden erfassen?
- Warum und wie kann ich mich auf ein Verkaufsgespräch vorbereiten und wie kann ich das Ergebnis dokumentieren?
- Warum ist es erforderlich, immer wieder neue Kunden anzuwerben? Was muss ich dabei beachten?
- Wieviel Geld, Zeit und Energie sollte ich in Marketing und Verkauf investieren?
- Welchen Nutzen kann gezieltes Netzwerken haben?

3.1 Die Dienstleistung: Wo hört Verkaufen auf und wo beginnt Beratung?

Potenzielle Kunden erwarten sich von Ihnen kein klassisches Verkaufsgespräch. Vielmehr wollen Sie zu ihrem Problem beraten werden und bauen auf Ihre Fachkompetenz. Natürlich ist kein Kunde so naiv, dass er sich dabei ausschließlich Ihnen anvertraut, zumindest nicht zu Beginn der Beziehung.

Vermutlich werden Sie den Kunden so beraten, dass Sie die vorgeschlagene Lösung selbst anbieten und durchführen können. Es ist ratsam, hierbei sowohl die (günstige) Minimal-Lösung als auch die (auch für Sie) höherwertige Optimal-Lösung zu präsentieren. Um das Angebot nach oben hin abzurunden und auch die Optimal-Lösung als günstig erscheinen zu lassen, sollten Sie auch eine (teure) Maximal-Lösung vorschlagen. Kunden wählen häufig aus drei Varianten die mittlere, es sei denn, sie sind extreme Preiskäufer (s. Abschn. 1.2).

> **Tipp**
>
> Erstellen Sie für sich (und Ihre Mitarbeiter) einen Gesprächsleitfaden für Kundengespräche, insbesondere für den ersten Kundenkontakt (sog. Elevator Pitch). Damit stellen Sie sicher, dass alle Mitarbeiter die gleiche Story erzählen und nichts Wesentliches vergessen wird. Lassen Sie sich von den Überschriften „Wer bin ich?", „Was kann ich?", „Was will ich?" leiten.

Als Beispiel hier mein Elevator Pitch, an dem ich lange gefeilt habe und der aber meines Erachtens noch immer nicht optimal ist:

Beispiel: Elevator Pitch von Helmut Hausner

1. **Begrüßung**
   – Guten Tag!

2. **Wer bin ich**
   – Ich bin Spezialist für die *über*geordneten Themen des professionellen B2B-Vertriebs.
   – Dabei geht es *nicht* um die verkäuferischen *Fähigkeiten* der einzelnen Mitarbeiter,
   – sondern um die *Optimierung der Vertriebs-Prozesse* im Außen – und Innendienst
   – und der *Struktur des Vertriebs*
   – sowie die *optimale Nutzung von CRM Systemen*.
   – Dabei baue ich auf *25 Jahren Berufserfahrung* in Marketing und Vertrieb in Konzernen und mittelständischen Strukturen auf und ergänze es mit aktuellen *wissenschaftlichen Erkenntnissen*.

3. **Was kann ich**
   – Mein Spezialgebiet ist die *Steigerung der Effektivität*,
   – also wie man mit *einfachen Mitteln* und der bestehenden Mannschaft
   – aus dem aktuellen Markt *noch mehr herausholen* kann.
   – Neben der Erarbeitung des Idealbilds begleite ich die Unternehmen dann auch in der nicht immer einfachen *Umsetzung* in der Vertriebsmannschaft.

4. **Was will ich**
   – Falls *Sie* das Gefühl haben,
   – Ihr Vertrieb arbeitet nicht immer *hochprofessionell* oder zeitgemäß
   – oder aber Sie sehen große *Herausforderungen* auf Ihren Vertrieb zukommen
   – würde ich gerne mit Ihnen ein *unverbindliches Gespräch* führen
   – inwieweit ich Sie da *unterstützen* kann.

Die Beratung ist vom Verkaufen nicht zu trennen. Vergessen Sie daher auch nicht bei schriftlichen Angeboten die Vorteile (und ggfs. Nachteile) der vorgeschlagenen Lösungen anzugeben. Vermutlich bieten Sie die Dienstleistung der Beratung für den Kunden kostenfrei an, da Sie hoffen, ihm anschließend ein Produkt zu verkaufen, dessen Marge auch Ihren Aufwand für diese Beratung mit abdeckt. Das muss aber nicht so sein.

Beispielsweise kann ein Steuerberater die Beratung eines Privatkunden in einem komplexen Sachverhalt mit einem Stundenhonorar verrechnen, obwohl er für ihn danach auch die Steuererklärung erstellt, die dann wieder nach der Gebührenordnung abgerechnet wird. Es muss nur vorab vereinbart sein. Mein Steuerberater tut das.

> **Tipp**
> Die Dienstleistung des Verkaufs bleibt unbezahlt, die Beratung häufig auch. Handelt es sich jedoch um eine qualifizierte tiefergehende Beratungsleistung, kann man sie auch so benennen und entsprechend bepreisen und „verkaufen".

3.2 Den Bedarf ermitteln: Was wollen Kunden?

Kunden sind vor allem Menschen, keine Organisationen oder Roboter. Sie haben Bedürfnisse, Ängste, Gefühle; manche sind ihnen selber bekannt, viele nicht. Gewerbliche Kunden kaufen Produkte oder Dienstleistungen, um ihren Betriebszweck zu verfolgen, also den Gewinn zu erhöhen (Schaffung von Möglichkeiten zu Mehrumsatz oder Kosteneinsparungen) oder aber, weil sie müssen, beispielsweise weil es gesetzliche Vorschriften gibt (z. B. Feuerlöscher). Private Kunden kaufen etwas, um ihr persönliches Glück (das Pendant zu Gewinn) zu maximieren.

Der Bedarf bzw. das Bedürfnis nach einem Produkt, einer Dienstleistung oder nach einer Lösung entsteht entweder durch die Vermeidung bzw. Verhinderung von Nachteilen oder durch die Vergrößerung von Nutzen. Daher ist es immer sinnvoll, zunächst nach den Bedürfnissen zu fragen, wenn man wegen einer Lösung angesprochen wird. Dabei hilft es meist wenig zu fragen: „Was brauchen Sie?" Zielführender ist die Frage: „Wozu brauchen Sie es?" bzw. „Wie soll es nachher sein?" Bei der Ergründung der wahren Bedürfnisse ist Sensibilität angebracht, da Kunden ihre idealen Zielvorstellungen entweder noch gar nicht konkretisiert haben (weil sie sich noch in einer Suchphase befinden), diese für zu teuer oder zu komplex halten (weil sie Angst vor einer Luxuslösung haben) oder sich dafür schämen (weil sie mit der Lösung nur das Ego aufpolieren).

Zu den Wurzeln der Bedürfnisse vorzudringen, beispielsweise mit der 5W-Methode, lohnt aber auf jeden Fall, auch wenn es zeitintensiv ist, um eine Übereinstimmung zwischen Bedürfnis und angebotener Leistung herzustellen. Hier sollten keine vorschnellen Vermutungen angestellt werden („das wird es schon sein, was der Kunde benötigt"), denn jeder Kunde ist anders. Dieses Gespräch, in dem die Wünsche und Bedürfnisse eruiert werden, ist vielleicht das wichtigste im ganzen Verkaufsprozess überhaupt und spart bei sorgfältiger Durchführung Enttäuschungen auf Seiten des Kunden und Nacharbeit auf Ihrer Seite.

Es kann zweckmäßig sein, zusätzlich zur momentanen Situation des Kunden die voraussichtliche zukünftige Entwicklung der Bedürfnisse zu ergründen, um eine mögliche Anpassung der Lösung an diese zukünftigen Bedürfnisse zu gewährleisten („Aufwärtskompatibilität").

> **Die 5W-Methode**
>
> Die **5W-** oder **5-Why-Methode** kommt aus dem Qualitätsmanagement. Ziel dieser Gesprächstechnik ist es, durch fünf (oder mehr) immer weiter in die Tiefe gehende „Warum?"-Fragen die wahre Ursache für ein Problem zu ergründen. Die Zahl „5" ist nur symbolisch zu verstehen. Wichtig ist, dass so lange nachgefragt wird, bis die Ursache des Problems eindeutig identifiziert und nicht mehr weiter aufteilbar ist (vgl. Serrat 2017).

3.3 Das Verkaufsgespräch: Wie kann ich den Dialog gestalten?

Wenngleich zwischen Beratung und eigentlichem Verkaufsgespräch keine klare Trennung möglich ist, so kann man doch diesem Gespräch, das den Kunden zum Abschluss bewegen soll, durch gezieltes Vorgehen Struktur und Wirkung geben. Die wichtigsten Punkte für ein erfolgreiches Gespräch sind die Festlegung der Zielsetzung und eine gründliche Vorbereitung.

Klären Sie für sich vorab, welchen Zweck Sie – in Abhängigkeit von der Verkaufsphase – mit dem anstehenden Gespräch verfolgen. Da die Aufmerksamkeitsspanne Ihres Gegenübers begrenzt ist, ist es niemals möglich, in nur einem Gespräch „Alles" zu besprechen. Sollte die Anzahl der Gespräche aber auf nur eines begrenzt sein (z. B. wenn der Mandant Ihnen gegenübersitzt), dann empfiehlt es sich, entweder schon vorab Informationen in schriftlicher Form oder in einem anderen Medium (z. B. Video) zu übermitteln oder aber im Nachhinein zur Verfügung zu stellen. Lassen Sie sich nicht vom Kunden überrumpeln und dazu verdonnern, ein Verkaufsgespräch zur Unzeit zu führen, aus Angst, dass sich sonst keine andere Gelegenheit mehr ergibt. Ist der Kauf für den Kunden wichtig, wird er sich auch Zeit nehmen, um sich umfassend zu informieren.

Aus der Zielsetzung leitet sich die Vorbereitung ab. Legen Sie für sich fest, welche Themen Sie unbedingt ansprechen wollen und welche weiteren, wenn sich dazu die Gelegenheit ergibt, das heißt wenn Sie noch Zeit haben und der Kunde Ihnen seine Aufmerksamkeit schenkt. Legen Sie die Argumente fest, die Sie vorbringen wollen, und versuchen Sie zu vorwegnehmen, welche Einwände ein Kunde vorbringen könnte. Bereiten Sie vorsorglich die entsprechenden Gegenargumente vor. „Einwände" sind übrigens ein sicheres Kaufsignal, denn wer keine Einwände hat, ist auch nicht wirklich interessiert.

Wenn Sie vor einem Gespräch ein Formular wie in Abb. 3.1 ausfüllen, werden Sie erstaunt sein, wie gut Ihnen die Argumente von der Hand gehen und um wie viel mehr Sie erreichen können.

Während des Gesprächs sollten Sie darauf achten, dass der Kunde mehr zu Wort kommt als Sie. Faustformel hierfür ist ein Verhältnis von ca. 70:30. Vermeiden Sie auf jeden Fall eine sogenannte „Nutzendusche", d. h. dass Sie die Vorteile Ihres Produkts vollmundig erläutern, ohne darauf zu achten – oder vorher abgefragt zu haben – was das Problem des Kunden eigentlich wirklich ist (vgl. Poggensee 2017).

3.4 Kaltakquise: Eine gefürchtete, aber notwendige Form der Neukundengewinnung?

Möchte ein Unternehmen substanziell wachsen, muss es sich ständig um neue Kunden bemühen. Das Optimieren bestehender Kundenbeziehungen kann zwar gewisse Zuwächse bringen, aber hierdurch wird niemals ein bedeutendes Ausmaß erreicht. Zudem gibt es auch immer einen stetigen

3 Beratung und Verkauf   35

Kontaktplanung & -Ergebnis

Kunde:		Teilnehmer Kunde: (Name/Funktion/Rolle/Einfluss):		
Datum:				
Dauer:				
geplant o ungeplant o				
Besuch o Tel. aus o ein o Anderes o		Teilnehmer Firma:		
Anlass für Kontakt:	(Warum soll der Kontakt stattfinden?)			
	Plan	tatsächliches Ergebnis	Erfolg	Schluß-folgerung
Absicht des Kontakts:	(Welches Ergebnis erwarte ich mir?)		☺ ☹	
Haupt-thema:	(Was will ich auf jeden Fall besprechen/ anbringen?)		☺ ☹	
WIN:	(Welchen Nutzen stiftet das Thema für die Vertreter des Kunden?)		☺ ☹	
Neben-themen:	(was wenn Zeit bleibt?)		☺ ☹	
			☺ ☹	
	Kunden-Situation: (Geschäftslage, Pläne, Sorgen)		☺ ☹	
	Kunden-Potential, neue Projekte:		☺ ☹	
	Wettbewerb / eigener Lieferanteil:		☺ ☹	
Voraus-setzungen:	(Was ist schon erledigt? Dem Kunden bekannt?)			
Strategie:	(Wie soll das Ziel erreicht werden? Was soll während des Kontakt geschehen?)		☺ ☹ ☺ ☹	
Voraus-sichtliche Probleme:	(Welche Fragen / Einwände könnte der Kunde erheben?)		☺ ☹ ☺ ☹	
Aktionen aus Kontakt:	Was?		Wer / bis wann?	

Abb. 3.1 Formular für Planung eines Kundenkontakts und Erfassung des tatsächlichen Ergebnisses

(schleichenden) Kundenverlust Englisch „Churn" ist ein Kunstwort aus „change" (Wechsel) und „turn" (Abkehr), den es auszugleichen gilt (vgl. Gabler Wirtschaftslexikon 2018).

Die härteste, aber nach wie vor wirkungsvollste Methode ist die Kaltakquise, der Definition nach eine Form der Neukundengewinnung, bei der Sie – ohne mit dem Kunden vorher bekannt zu sein – ihn in der Absicht kontaktieren, mit ihm ein Geschäft zu machen. „Akquise" (von lat. ad quaerere = erwerben) bedeutet, neue Kunden oder Aufträge an Land zu holen; „Kalt" („cold calling") bedeutet in diesem Fall „ohne vorherigen (bewussten) Kontakt des Kunden mit Ihrer Firma".

Dazu müssen Sie erst einmal die Kontaktdaten (z. B. Telefonnummer oder E-Mail-Adresse) eines „Interessenten" (engl. „lead") haben, also einer Person oder einer Firma, die sich in irgendeiner Weise schon für Ihr Produkt oder Ihre Leistung interessiert oder von der man aufgrund ihrer Eigenschaften annehmen kann, dass die Leistung für sie relevant ist (z. B. kann man vermuten, dass ein 50-jähriger Hausbesitzer Interesse an der Abfassung eines Testaments oder eine Firma, die Metallwaren herstellt, Interesse an Korrosionsschutzlack hat). Diese Kontaktdaten von Interessenten kann man entweder von Adressverlagen (Adressbrokers, Listbrokers) kaufen bzw. „leihen" (begrenzte Anzahl von Verwendungen) oder durch Messekontakte oder Online-Marketingmaßnahmen selber generieren.

Für viele Menschen ist der Begriff Neukundenakquise ein Horror, da er mit einem Anruf an völlig unbekannte Personen verbunden ist. Das ist aber nach bestehender Gesetzeslage sowieso weitgehend verboten, doch es gibt auch andere Möglichkeiten.

> **Die Gesetzeslage im Überblick**
> **Im Gesetz gegen den unlauteren Wettbewerb (UWG) § 7 Abs. (2)** wird bezüglich Telefonanruf, Fax und E-Mail sowohl an Verbraucher als auch Unternehmen geregelt:
>
> „Eine unzumutbare Belästigung ist stets anzunehmen … 2. bei Werbung mit einem Telefonanruf gegenüber einem Verbraucher ohne dessen vorherige ausdrückliche Einwilligung oder gegenüber einem sonstigen Marktteilnehmer ohne dessen zumindest mutmaßliche

> Einwilligung, 3. bei Werbung unter Verwendung einer automatischen Anrufmaschine, eines Faxgerätes oder elektronischer Post, ohne dass eine vorherige ausdrückliche Einwilligung des Adressaten vorliegt, ..."
>
> In Absatz (3) gibt es jedoch für Unternehmer-Kunden Ausnahmen:
>
> „Abweichend von Absatz 2 Nummer 3 ist eine unzumutbare Belästigung bei einer Werbung unter Verwendung elektronischer Post **nicht** anzunehmen, wenn
> 1. ein Unternehmer im Zusammenhang mit dem Verkauf einer Ware oder Dienstleistung von dem Kunden dessen elektronische Postadresse erhalten hat,
> 2. der Unternehmer die Adresse zur Direktwerbung für eigene ähnliche Waren oder Dienstleistungen verwendet,
> 3. der Kunde der Verwendung nicht widersprochen hat und
> 4. der Kunde bei Erhebung der Adresse und bei jeder Verwendung klar und deutlich darauf hingewiesen wird, dass er der Verwendung jederzeit widersprechen kann, ..."
> (Bundesministerin der Justiz und für Verbraucherschutz o. J.)
>
> Ergänzend dazu gibt es auch noch diverse Entscheidungen des Bundesgerichtshofs (BGH).
>
> Die **Datenschutzgrundverordnung** (DSGVO) liefert die Rechtsgrundlage für die Informationserhebung, da zur Vorbereitung des Gesprächs, während des Gesprächs und danach verschiedene personenbezogene Daten erhoben und verarbeitet werden. Der Artikel 6 lit f der DSVGO besagt:
>
> „Die Verarbeitung ist nur rechtmäßig, wenn ... (f.) die Verarbeitung zur Wahrung der berechtigten Interessen des Verantwortlichen erforderlich ist." (DSGVO o. J.)
>
> Wenn sich ein Unternehmen hierauf stützt, müssen eigenen Interessen (nachweisbar) gewichtiger sein als die der Betroffenen.

Damit Privatkunden sich nicht belästigt fühlen, ist es in Deutschland grundsätzlich verboten, sie per Telefon, E-Mail oder Fax zu kontaktieren, es sei denn, sie hätten vorab hierfür eine (nachprüfbare) Einwilligung gegeben. Ein persönliches Gespräch z. B. in einem Shop oder auf einer Messe oder persönlich adressierte Briefe sind erlaubt.

Auch wenn ein Kunde beim Herunterladen einer Information von Ihrer Website Ihnen die Erlaubnis erteilt hat, seine E-Mail-Adresse für Angebote zu benutzen (meist durch aktives Anklicken einer entsprechenden Box (= Opt-in)), müssen Sie nochmals seine E-Mail-Adresse verifizieren (der Kunde muss bei der ersten E-Mail nochmals bestätigen), dass die E-Mail-Adresse auch seine eigene ist (= Double-opt-in), bevor Sie diese für Kontaktzwecke benutzen dürfen.

Zwar gilt, „wo kein Kläger, dort kein Richter", aber bei Zuwiderhandeln (z. B. unerlaubte Werbung) können die Bundesnetzagentur Bußgelder oder Mitbewerber und Verbände Abmahnungen aussprechen und Unterlassung verlangen. Daher bleiben – neben einem attraktiven Angebot (offline oder online) – das Gespräch, der (Werbe-)Brief oder Content im Internet (Whitepaper, Newsblog etc.), der Kunden zum „Double-opt-in" bringt, wichtige Maßnahmen für die Kundengewinnung. Neben einem Gespräch mit Ihrem Anwalt über Möglichkeiten und Grenzen lassen Sie sich am besten zu allen drei Formaten von einer einschlägigen Marketingberatung informieren. Alle drei Formate können nämlich ausgezeichnete Möglichkeiten sein, um neue Kunden zu gewinnen.

Das häufig erwähnte Werbeverbot der Freien Berufe hindert nicht daran, sich selbst oder seine Qualifikationen und Leistungen öffentlich darzustellen. Nur marktschreierische und irreführende Werbung ist untersagt. Zu Details des (in letzter Zeit stark gelockerten) Werbeverbots für einzelne Freie Berufe empfehle ich Ihnen den Informationsflyer des Bundesverbands der Freien Berufe e.V. (BFB 2017).

Bei Business-Kunden, deren Schutzwürdigkeit der Gesetzgeber (etwas) geringer einstuft, sind zwar Telefonanruf, E-Mail oder Fax grundsätzlich genauso verboten. Wenn Sie allerdings einen Bedarf für Ihr Produkt (ernsthaft) vermuten können und der Kunde daher mutmaßlich an einem Angebot interessiert sein könnte, dürfen Sie anrufen und Ihre Firma inklusive Leistung vorstellen. Weiterhin gilt: kein E-Mail, kein Fax! Aber natürlich nach wie vor sind das Gespräch bei Events oder Messen, der (Werbe-)Brief oder das Ergattern von E-Mail-Adressen durch Downloadmöglichleiten von Content im Internet mit „Double-opt-in" möglich. Wie viel Ihrer wertvollen Informationen Sie im Internet frei und für jedermann zur Verfügung stellen (Teaser) und ab wann Sie das

Hinterlassen einer E-Mail-Adresse verlangen, ist oft nur durch Ausprobieren zu entscheiden (vgl. Heinrich 2017).

Eine weitere Möglichkeit ist es, Entscheider über soziale Medien (Xing, LinkedIn, Facebook etc.) mit einer Kontaktanfrage anzuschreiben. Eine kurze Notiz mit dem Angebot, sich zu einem für den potenziellen Kunden interessanten Fachthema auszutauschen und sich zu verknüpfen, kann Interessenten auf Ihr Angebot aufmerksam machen und einen Dialog eröffnen. Die Ansprache muss aber neutral verfasst sein, damit sie nicht als Werbung aufgefasst werden kann.

Eine neuere Idee ist, die Kundenreise zu „begleiten" und dabei zu versuchen, einem Kunden bei der Lösung seines Problems zu helfen (Inbound Marketing), anstatt auf Kunden (kalt) zuzugehen und zu hoffen, dass man sie im passenden Moment antrifft (Abschn. 2.1 und 2.5). Für viele Menschen verlaufen die ersten Phasen der Kundenreise eben im Internet, und dort können Sie sich gut als Lösungsanbieter aufstellen. Bei Bedarf kommt dann der Kunde von selbst auf Sie zu.

> **Beispiel: Lösungen anbieten mit Content Marketing**
> Ein gewerblicher Kunde sucht nach Möglichkeiten zur besseren Bindung seiner Mitarbeiter. Sie sind als Versicherungsmakler auf betriebliche Altersvorsorge spezialisiert. In einem Blogbeitrag auf einer neutralen Website (z. B. Xing.com) erläutern Sie die Möglichkeiten der Mitarbeiterbindung durch betriebliche Altersvorsorge und stellen die Vor- und Nachteile gegenüber anderen Möglichkeiten dar. Im Rahmen seiner Informationssuche stößt der Kunde auf Ihren Beitrag, fühlt sich gut, neutral und umfassend informiert und kontaktiert Sie.

3.5 Pflege der Kundenbeziehung: Warum Stammkunden mehr und zu höheren Preisen kaufen

Während in der Mitte des letzten Jahrhunderts noch die Marketingphilosophie des „Stimulus-Response" (einen einmaligen Kaufanreiz geben) im Vordergrund stand, ist man heute allgemein der Ansicht, dass einmal gewonnene Kunden profitabler sind, wenn sie über einen längeren

Zeitraum gehalten werden können. Dazu muss die Beziehung zu ihnen ständig gepflegt und verbessert werden, auch in Zeiten, in denen sie nichts kaufen (Customer Relationship Management CRM; s. Hippner et al. 2011). Untersuchungen haben ergeben, dass Kunden, die Sie an Ihr Unternehmen gebunden haben und die daher immer wieder kaufen, offen sind für Angebote aus anderen Produktgruppen bzw. für Ergänzungsprodukte (Cross-Selling), sich leichter von höherwertigen Produkten überzeugen lassen (Up-Selling), insgesamt weniger preissensitiv sind, leichter Fehler verzeihen, Ihr Unternehmen eher weiterempfehlen und eben nicht immer wieder neu gewonnen werden müssen – mit all den Reibungsverlusten der Neukundenakquise (s. Albers und Krafft 2013, S. 12 ff.). Außerdem erhalten Sie von solchen Kunden leichter (kostenfreies) Feedback zu Ihren Leistungen. Der einzige Nachteil ist, dass in Phasen, in denen der Kunde keinen aktuellen Bedarf hat, ein laufender Aufwand für das Pflegen der Beziehung über wiederholte Kontaktnahme, Versorgung mit Informationen über neue Produkte und Lösungsmöglichkeiten, Einladungen zu Veranstaltungen etc. entsteht. In Summe überwiegen jedoch die Vorteile die Nachteile dieses laufenden Betreuungsaufwands.

3.6 Der Aufwand für Marketing und Verkaufstätigkeiten: Wie findet man die Balance zwischen nicht zu viel und nicht zu wenig?

Marketing und Verkaufstätigkeiten sind Arbeitsleistungen und erfordern nicht nur in der internen Kostenkalkulation besondere Aufmerksamkeit. Um ein optimales Verhältnis von Aufwand und Nutzen zu erreichen, ergibt sich immer wieder die Frage nach dem Zuviel oder Zuwenig. Die Antwort hierauf hängt vom geleisteten Aufwand ab (aufgewendete Stunden, Anzahl der durchgeführten Kundenkontakte, Kosten für Internet, Drucksachen, Events etc.), deshalb gehen wir zunächst der Frage nach dem „Wieviel" nach.

Für das „Wieviel" gibt es keine Formel oder Daumenregel. In der frühen Lebensphase einer Unternehmung, wenn Anbieter, Produkt und Leistung noch nicht am Markt bekannt sind, wird der Aufwand wohl etwas mehr sein müssen, später kann man ihn ggf. reduzieren, aber niemals auf Null setzen. Insbesondere die laufende Betreuung und Kontaktierung von Bestandskunden (Account Management) stellt einen wesentlichen Teil dieses Aufwands dar. Zudem hält sich in der Verkäuferliteratur die Behauptung, dass die Kosten, einen neuen Kunden zu gewinnen, das Fünf- bis 20-Fache vom Halten eines bestehenden Kunden betragen (vgl. Sopra Steria Consulting 2009). Also investieren Sie in das sogenannte Kundenbeziehungsmanagement (Customer-Relationship-Management = CRM; damit ist übrigens nicht das gleichlautenden EDV Programm gemeint, s. Abschn. 6.4).

Aufwand für Verkaufstätigkeiten
Als Aufwand für das „Verkaufen" sollten Sie zu Beginn mindestens 20 % Ihrer (und aller Ihrer Kollegen bzw. Mitarbeiter) Zeit ansetzen (80 % bleiben dann für fachliche Tätigkeit). Sie sollten auch darüber Buch führen (tracken), wie viele Stunden Sie tatsächlich mit diesen Tätigkeiten verbringen, zumindest über einige Wochen hinweg, da man sich über den effektiven Aufwand sehr leicht täuschen kann. Ist Ihre Firma schon gut eingeführt, können Sie den Aufwand auf ca. 10 % herunterschrauben, aber ich empfehle niemals unter 5 % (das entspricht etwa einem halben Tag pro Woche). Letzten Endes lässt sich der notwendige Aufwand durch Ausprobieren aus dem effektiven Erfolg Ihrer Verkaufstätigkeit ableiten.

Es ist empfehlenswert, für diesen Aufwand interne (kalkulatorische) Kosten anzusetzen. Für Vollzeitverkäufer hatte ich einmal vor Jahren einen Kostensatz von € 350,- pro Besuch ermittelt (Kosten für Gehalt, Gehaltenebenkosten, Boni, Spesen, IT-Ausstattung, Büroarbeitsplatz dividiert durch die Anzahl der geleisteten Kunden-Besuche pro Jahr). Dieser Satz sollte nicht die Besuchstätigkeit „bestrafen" oder Kunden „totrechnen", sondern die Verkäufer daran erinnern, dass diese Kosten – zumindest langfristig im Sinne einer Investition – wieder hereingespielt werden müssen. Diese Kalkulation hilft bei der Entscheidung, ob man die Akquise eines Neukunden letztlich abbrechen oder sich doch noch weiter bemühen soll.

Wollen Sie einen solchen Kostensatz für sich selbst als Selbstständiger ermitteln, müssten Sie anstatt des Gehalts einen sog. „kalkulatorischen Unternehmerlohn" ansetzen, also einen Betrag, den ein Angestellter in Ihrer Funktion erhalten würde (s. Tab. 3.1). Und greifen Sie bei der Festsetzung lieber etwas höher.

Übrigens sind Telefonate zur Kundenbetreuung wesentlich günstiger, sie betragen nur etwa ein Zehntel des oben genannten Kostensatzes. Das liegt unter anderem an der geringen zeitlichen Investition für derartige Gespräche im Vergleich zu Besuchen bei Kunden vor Ort (Reise- und Wartezeiten, längere Floskel- und Smalltalk-Phasen). Allerdings wissen wir, dass bei einem Telefonat durch Stimme, Tonfall und Worte (Inhalte) nur weniger als die Hälfte der Kommunikationswirkung im Vergleich zu einem persönlichen Gespräch erreicht werden können (Mehrabian 1981). Doch diese 20 bis 40 % Wirkung für etwa 10 % der Kosten erscheinen als guter Deal – zumindest für ausgewählte Kundengruppen.

Die Kontakthäufigkeit kann man nach der Wichtigkeit des Kunden (s. Kundenwert Abschn. 5.2) festlegen, sollte aber niemals unter zwei pro Jahr fallen, da sich Kunden sonst nicht mehr wirklich an Sie und Ihre guten Leistungen erinnern können.

Aufwand für Marketing
Die Frage nach den idealen Marketingaufwendungen ist noch schwieriger zu beantworten. Eine Daumenregel der großen Anbieter für Güter des täglichen Verbrauchs (Fast Moving Consumer Goods = FMCG, z. B. Lebensmittel oder Kosmetika) ist, ca. 10 % des Umsatzes in Marketing (TV, Internet, Aktionen, Flyer etc.) zu investieren. Für freiberufliche Tätigkeiten ist dieser Aufwand sicher zu hoch – schließlich müssen Sie kein Millionenpublikum erreichen. Aber wenn Sie 5 bis 10 % Ihres Deckungsbeitrags/Rohertrags insgesamt in Marketing und Verkaufsaufwand investieren, ist das eine langfristige Zukunftssicherung. Dabei sind die Marketingkosten meist echte Cash-out-Kosten, während Ihr Verkaufsaufwand eher kalkulatorische Kosten sind. Eine Beispielberechnung finden Sie in Tab. 3.1.

Wollen Sie derartige Kosten auf Kunden zurechnen, dann können Sie die effektiv geleisteten Aufwände für einzelne Bestandskunden (Kontakte, Sonderleistungen) vom Deckungsbeitrag abziehen, aber

3 Beratung und Verkauf

Tab. 3.1 Beispiel für Cash-out-Kosten und kalkulatorische Kosten bei selbstständigen Freiberuflern

Aktivität	Aufwand	Kosten	Bereich
Aufwendungen für eine Anzeige in einer lokalen Tageszeitung, um auch einen Fachartikel, der Ihre Kompetenz unterstreicht, platzieren zu können	€ 300,-	€ 300,- (Sachkosten, reduzieren den Gewinn, steuerlich absetzbar)	Marketing – Cash-out Kosten
Verfassen des Artikels durch Sie selbst	4 Arbeitsstunden	Kalkuliert mit den Kosten eines angestellten Geschäftsführers € 60.000,- pro Jahr dividiert durch 220 Arbeitstage à 8 Stunden = € 34,- pro Stunde → € 136,- Weder Sach- noch Personalkosten (= kalkulatorische Kosten), nicht steuerlich absetzbar	Marketing – kalkulatorische Kosten
Anruf bei einem potenziellen Zielkunden, um ihn unter Bezugnahme auf den Artikel als Kunden zu gewinnen	2 Arbeitsstunden mit Vor- und Nachbereitung	Kalkulatorische Kosten wie oben: 2 h à € 34,- = € 68,-	Verkauf – kalkulatorische Kosten
Hinweis:		Für die Errechnung der Vollkosten eines „theoretisch" angestellten Mitarbeiters müssten Sie, um genau zu sein, neben den Gehalts- und Gehaltsnebenkosten auch noch die Kosten für Spesen (Auto, Hotel, Taggeld), die Kosten für die IT-Ausstattung (Hard und anteilige Software, Kommunikationskosten) sowie den Arbeitsplatz (anteilige Miete, Möbel, Heizung etc.) berücksichtigen. Dazu käme die anteilige Nutzung interner Services, z. B. Sekretariat oder die Nutzung von Geräten. Ergehen Sie sich aber nicht in allzu vielen Details, da eine Größenordnung zumeist genügt. Wenn Sie Ihren Kunden im Allgemeinen Stundensätze verrechnen, dann ist auch ein Ansatz für die Selbstkosten mit 80 % dieses Stundensatzes zumeist ausreichend genau.	

bitte niemals die Marketingkosten. Diese sind ja vorwiegend dazu da, neue Kunden anzulocken, haben also bei Bestandskunden nichts verloren.

Beispiel: Kostenzurechnung
Produktdeckungsbeitrag (Erlöse ./. Produktkosten) bei einem großen Kunden: € 7000,-
Der Kunde beansprucht außerdem noch 5 % Ihrer Arbeitszeit (= 2h pro Woche): 5 % × 60.000,- = € 3000,- (zu Kostensatz für Selbstständige s. Tab. 3.1).
Sie haben 200 aktive Kunden und geben pro Jahr € 20.000,- für Werbung aus: Aufwand für diesen Kunden: Null Euro! (Werbung zielt im Wesentlichen auf die Gewinnung neuer Kunden ab und ist daher nicht den Bestandskunden zuzurechnen).
Netto Kundendeckungsbeitrag: € 4000,- (s. Abschn. 5.2)

3.7 Netzwerken: Spaß oder Methode?

Clubs, Wirtschaftsvereinigungen, Netzwerktreffen – all diese Aktivitäten bieten die Möglichkeit, mit potenziellen Kunden in Kontakt zu kommen und ein persönliches Gespräch zu führen. In manchen dieser Vereinigungen ist es sogar Pflicht, etwaige Aufträge an andere Mitglieder zu vergeben. Aber ist es auch eine geeignete Methode, um an neues Geschäft heranzukommen? Manche Menschen schwören darauf und verwenden sehr viel Zeit für das Knüpfen und Pflegen von Club-Freundschaften.

Aus meiner Sicht sind derartige Netzwerkmöglichkeiten wichtig, um Neues zu lernen, neue Ideen zu erhalten, eigene Gedanken mit anderen auszutauschen und gute Gespräche zu führen. Es stillt auch das soziale Bedürfnis, mit anderen Menschen zusammenzukommen, die ähnliche Wertvorstellungen und eine vergleichbare Denkrichtung haben. Insbesondere für Freiberufler, die allein arbeiten, sich austauschen möchten und nicht in einer Firmenhierarchie aufsteigen können, bieten solche Netzwerktreffen die Gelegenheit zum Erfahrungsaustausch und manchmal auch gute Chancen für Kooperationen oder auch die Möglichkeit, in so einer Vereinigung einmal eine hervorgehobene Stellung einzunehmen.

Als (alleinige) Akquisemethode sind Netzwerkveranstaltungen allerdings in den seltensten Fällen ausreichend. Der Kreis der Menschen, die man in der gegebenen Zeit ansprechen kann, ist viel zu klein und der Aufwand so hoch, dass man kaum von einer ökonomischen Vorgehensweise sprechen kann.

Lassen Sie sich daher die Freude am Netzwerken nicht nehmen, aber verbuchen Sie die aufgewendete Zeit und Energie unter „persönlicher Entwicklung" und „Befriedigung von sozialen Bedürfnissen". Und wenn dann doch mal ein Auftrag daraus hervorgeht, umso besser. Aber achten Sie in dem Fall besonders auf die Leistungsdefinition vorab. Es könnte sein, dass Ihr Club-„Freund" sich ein (unbezahltes) stärkeres Entgegenkommen erwartet.

Ihr Transfer in die Praxis

Fragen, die Sie sich stellen sollten:

- Kann ich mein Produkt/meine Dienstleistung in mehreren Qualitätsstufen anbieten?
- Kennen meine Mitarbeiter ihren Gesprächsleitfaden auswendig? Habe ich für mich und/oder meine Mitarbeiter einen Elevator Pitch vorbereitet?
- Habe ich eine Methode entwickelt, um den eigentlichen Bedarf meiner Kunden zu erkennen, und kann ich mir dafür ausreichend Zeit nehmen?
- Bereite ich mich auf Gespräche ausreichend vor? Habe ich zusätzliche Medien im Einsatz, um das Verkaufsgespräch zu unterstützen?
- Ist mein Vorgehen bei der Kaltakquise zufriedenstellend? Kenne ich die rechtlichen Rahmenbedingungen zur Genüge?
- Treibe ich genügend Aufwand für Marketing und Verkauf?
- Welche Vorteile hat mir bislang das aktive Netzwerken gebracht?

Literatur

Albers S, Krafft M (2013) Vertriebsmanagement. Organisation – Planung – Controlling – Support. Springer Gabler, Wiesbaden. Abschn. 2.2.1

BFB (2017) Werbung in Freien Berufen. https://www.freie-berufe.de/themen/qualitaetssicherung-und-berufsrechte/rechtsrahmen-und-berufsrechte/werbung-in-freien-berufen/. Zugegriffen am 09.04.2019

Bundesministerin der Justiz und für Verbraucherschutz (o. J.) Gesetz gegen den unlauteren Wettbewerb (UWG) § 7 Unzumutbare Belästigungen. https://www.gesetze-im-internet.de/uwg_2004/__7.html. Zugegriffen am 09.04.2019

DSGVO (o. J.) Art. 6 DSGVO. Rechtmäßigkeit der Verarbeitung. https://dsgvo-gesetz.de/art-6-dsgvo/. Zugegriffen am 09.04.2019

Gabler Wirtschaftslexikon (2018) Churn Rate. https://wirtschaftslexikon.gabler.de/definition/churn-rate-31628/version-255181. Zugegriffen am 09.04.2019

Heinrich S (2017) Content Marketing: So finden die besten Kunden zu Ihnen. Wie Sie Ihre Zielgruppe anziehen und stabile Geschäftsbeziehungen schaffen. Springer Gabler, Wiesbaden

Hippner H, Hubrich B, Wilde KD (Hrsg) (2011) Grundlagen des CRM. Strategie, Geschäftsprozesse und IT-Unterstützung. Springer Gabler, Wiesbaden

Mehrabian A (1981) Silent messages. Implicit communication of emotions and attitudes. http://www.kaaj.com/psych/smorder.html. Zugegriffen am 25.03.2019

Poggensee I (2017) Verkaufen! Mit System, Handwerk und Leidenschaft zu mehr Vertriebserfolg. Springer Gabler, Wiesbaden

Serrat O (Hrsg) (2017) The Five Whys technique. In: Knowledge solutions. Springer, Singapore, S 207–210

Sopra Steria Consulting (2009) Potenzialanalyse Kostenmanagement. https://www.soprasteria.de/newsroom/publikationen/success-story/wo-kunden-am-meisten-kosten. Zugegriffen am 30.03.2019

4

Hilfen beim Verkaufen

Zusammenfassung In diesem Kapitel wird beleuchtet, welche Rolle die klassische Werbung – die meist mit erheblichen Kosten verbunden ist – in der gesamten Kundenkommunikation einnehmen kann und welche Rolle unter Umständen Verkaufsunterlagen, Demos und Muster spielen. Eine besondere Stellung nimmt hier die häufig schwierige Vermittlung des Kundennutzens Ihres Angebots ein, der ggfs. durch eine Musterrechnung bestätigt werden muss, um sich gegen ein billigeres Konkurrenzangebot durchzusetzen.

> **In diesem Kapitel finden Sie Antworten auf folgende Fragen:**
> - Welche Werbeformen für Freiberufler sind finanzierbar und wirkungsvoll?
> - Welche Bedeutung hat Werbung in Online-Medien?
> - Wie kann ich mein Angebot noch besser und verständlicher darstellen?
> - Wie kann ich für den Kunden eine in Geldwert ausgedrückte Nutzenkalkulation erstellen?

4.1 Die Rolle der Werbung: Kann sie den Boden aufbereiten?

Zahlreiche Studien zeigen, dass Werbung immer wirkt. Und das interessanterweise unabhängig davon, ob sie gut oder schlecht gemacht ist. Vielmehr haben die Relevanz für den Empfänger, die Intensität der Reize, die Emotionalisierung und die Häufigkeit der Aussendung große Bedeutung. Natürlich wirkt gut gemachte Werbung noch stärker.

Jedoch muss man bei „Werbung" nicht notwendigerweise nur mehr an die klassischen Medien (Prospekt, Zeitungsanzeige, Radiospot oder TV-Werbung) denken. Andere Medien haben heutzutage oft schon eine größere Bedeutung oder Reichweite. Generell sollte man eher von „Unternehmenskommunikation" sprechen und das in beide Richtungen, vom Unternehmen zum (potenziellen) Kunden und vom Kunden zum Unternehmen, aber auch von Kunden untereinander. Ziel der Werbung kann einerseits sein, potenzielle Kunden, die Ihre Leistungen noch nicht kennen, darauf aufmerksam zu machen (Produktwerbung) oder Ihr Ansehen als Anbieter bei Kunden, die Sie schon kennen, zu verbessern (Imagewerbung) (vgl. Heun 2017, S. 20 ff.).

Grundsätzlich ist es so, dass Sie Ihre Botschaft an (potenzielle) Kunden erst kodieren müssen, um sie dann über Kommunikationsmittel und -medien zum Empfänger transportieren zu können (z. B. kodieren Sie ggfs. umfangreiche Aussagen über die hohe Qualität Ihrer Produkte in ein Bild und einen kurzen Werbetext, die dann in einer Anzeige erscheinen). Der Empfänger muss die Botschaft wieder dekodieren können, um sie zu interpretieren und darauf zu reagieren (er muss die Botschaft aus dem Bild verstehen können). Dass dabei viele Störungen und Missverständnisse auftreten können, ist unausweichlich. Allerdings, umso besser Sie Ihre Zielgruppe kennen und Botschaft, wie Mittel und Medium darauf abstimmen, umso treffgenauer wird Ihre Aussage decodiert werden können.

Zur Gestaltung von Werbung bedient man sich noch immer gerne der AIDA-Formel. Die vier Buchstaben stehen für die englischen Begriffe „Attention" (Aufmerksamkeit erregen), „Interest" (Interesse für die Botschaft wecken), „Desire" (den Wunsch nach Besitz der beworbenen

4 Hilfen beim Verkaufen 49

Sache) und „Action" (Aktivierung zum Kauf, oder zumindest sich näher mit der Materie zu beschäftigen). Die vier Stufen entsprechen einem althergebrachten Modell der Werbewirkungsprozesse und müssen hier vom Rezipienten hintereinander linear durchlaufen werden. Das Modell gilt zwar heute in der Forschung als veraltet, erfreut sich aber bei Praktikern nach wie vor großer Beliebtheit, da damit die idealtypischen Prozesse der Wirkung von Werbung verdeutlichen werden können (Heun 2017, S. 129 f.).

- **Kommunikationsbotschaft:** Eine Aussage, die dem Umworbenen nahegebracht werden soll
- **Kommunikationsmittel:** Mittel zur Präsentation einer Kommunikationsbotschaft (z. B. technische Zeichnung)
- **Kommunikationsträger/-medium:** Eingesetztes Medium, durch das eine bestimmte Kommunikationsbotschaft an den Empfänger der Kommunikation herangetragen wird (z. B. Prospekt)

Dem klassischen Prospekt – sei es in Papierform oder digital als PDF – kommt auch für Freiberufler nach wie vor eine große Bedeutung bei der Darstellung des Leistungsumfangs oder als Unterstützung bei Promotions zu und dient neben der Leistungsdarstellung auch der Imagebildung. Wichtig ist hier, zuerst die Zielsetzung und den Empfängerkreis dieser Kommunikationsform festzulegen (Briefing) und dann eine geeignete Werbeagentur mit der Gestaltung zu beauftragen. Halten Sie sich selbst bei der Erstellung zurück. Werbegestaltung ist ebenso eine Spezialaufgabe wie auch Ihre Leistungen und erfordert den Einsatz von Profis. Sparen Sie hier nicht an der falschen Stelle. Werbung kostet sowohl in der Erstellung als auch in der Verbreitung eine Menge Geld. Überladene und schlecht gemachte Prospekte gibt es schon genug. Leider veralten Prospekte sehr schnell, lassen Sie deshalb nicht so viele drucken.

Zeitungsanzeigen haben selbst in Zeiten der intensiven Internetwerbung noch eine hohe Bedeutung als Kommunikationsmedium. Auch hier gilt: erst die Zielsetzung festlegen, dann die Gestaltung durch eine Agentur, die sich auch um die Platzierung kümmert, ausführen lassen.

Wirklich stark wird eine Anzeige erst durch einen redaktionellen Beitrag über Ihre Firma. Häufig ist es so, dass eine Zeitung oder ein Journal – trotz aller hochgelobten Pressefreiheit – nur dann einen redaktionellen Beitrag veröffentlicht, wenn Sie dort auch eine bezahlte Anzeige schalten. Empfehlenswert ist, dass Sie den Redakteuren vorab Material (Content) für einen derartigen redaktionellen Artikel zur Verfügung stellen. Das Verfassen solcher Vorlagen kann auch durch eine PR-Agentur (Public Relations) erfolgen, um Professionalität sicherzustellen. Sie können nicht erwarten, dass diese Vorlagen 1:1 abgedruckt werden, aber zumindest ist die Redaktion dadurch ausreichend mit Material versorgt. Eine PR-Agentur kann auch regelmäßig Presseaussendungen mit Informationen über Ihr Unternehmen erstellen, allerdings müssen die schon sehr relevant für die Zielgruppe des Mediums sein, um gedruckt zu werden. Das können Beiträge zu den klassischen Themen Kostensenkung oder Möglichkeiten zu einer verbesserten Positionierung am Markt sein oder aber aktuelle Themen wie Digitalisierung oder Umweltschutz.

Von hier ist der Übergang fließend zu der Publikation in Online-Medien (Blogs, Facebook, Xing, LinkedIn etc., vgl. Lammenett 2019), die häufig von Inhabern oder Mitarbeitern eines Unternehmens selbst erstellt (sie sind vergleichsweise günstig und die Grundlagen kann man sich auch selbst aneignen) oder professionell von der PR-Agentur bzw. Online-Marketing-Agentur übernommen werden. Sollten Sie von Bloggern Content publizieren lassen, in der Absicht, dass über Ihre Firma im Netz (positiv) diskutiert wird, müssen Sie diese regelmäßig mit neuem Content versorgen.

Das Thema Videomarketing öffnet sich zusehends auch für Freiberufler, da keine hohe Professionalität für die Produktion erforderlich ist (die Meinungen darüber gehen allerdings stark auseinander). Eine (PC-) Kamera oder ein Smartphone und ein Videoschnittprogramm genügen, um kurze Videos herzustellen, in denen entweder von einem Sprecher (z. B. dem Inhaber) eine Problemlösung vorgestellt oder die Vorteile und/ oder die Benutzung eines Produkts erklärt wird. Diese werden dann auf YouTube hochgeladen. Durch entsprechende Verschlagwortung ermöglicht man das Auffinden der Videos durch Suchmaschinen. Man kann sie dann auch in die eigene Website einbinden. Insgesamt ist sind Bewegtbild plus Ton ein starkes Kommunikationsmittel, das von vielen Menschen dem gedruckten Wort vorgezogen wird. Außerdem vermittelt ein Video ein hohes Maß an Authentizität, insbesondere wenn es die Person zeigt, die hinter dem Unternehmen steht (vgl. Seehaus 2016). Jedenfalls ist Videomarketing ein erster Schritt in Richtung Digitalisierung des Verkaufs

Für Bannerwerbung (Werbeeinschaltungen auf häufig frequentierten Internetseiten, z. B. Nachrichtenseiten), Google Ads (ehemalig: AdWords, Werbeeinschaltung über oder unter den generischen Ergebnissen einer Suchanfrage), Werbeanzeigen auf Facebook, Xing etc., die auf Ihr Angebot im Internet leiten sollen, gilt Ähnliches wie für gedruckte Anzeigen: zuerst die Zielsetzung festlegen und dann die Gestaltung durch eine Agentur, die sich auch um die Platzierung kümmert, ausführen lassen. Der Vorteil solcher Onlinewerbung ist, dass sie dem Nutzer „kontextbezogen", also im Zusammenhang mit dem besuchten Website-Inhalt oder der Suchanfrage, präsentiert wird. Google Ads Anzeigen kann man auch gut selbst gestalten, allerdings erfordert das Herausfinden der geeigneten Schlüsselworte (Keywords, die Wörter, die User typischerweise zum Suchen verwenden) für Ihre Anzeige viel Versuch & Irrtum. Als „Re-Targeting" bezeichnet man ein Verfahren, bei dem Internet-Usern, die sich aufgrund ihres vorherigen Besuchs eines Webshops für eine bestimmte Produktkategorie zu interessieren scheinen, Werbung hierfür an anderer Stelle angezeigt wird.

Radio- oder TV-Werbung kommen für Freiberufler meist nicht in Frage, da sie zu teuer in der Produktion und Ausstrahlung und meist auch zu wenig treffgenau für Ihre Zielgruppe sind. Aber unter Umständen kann man von lokalen Medien interessante Angebote erhalten. Ebenso kann Kinowerbung für regional begrenzte Angebote eine kostengünstige Alternative darstellen.

Messen, Hausmessen oder Präsenz bei Events (z. B. Stadtfest) bieten häufig die Möglichkeit, mit relativ wenig Aufwand und geringen Mitteln mit potenziellen Kunden persönlich in Kontakt zu treten, Interessen abzufragen und „Leads" (Interessenten) zu generieren, die anschließend nachbearbeitet werden können. Sorgen Sie hier aber einerseits für einen

Publikumsmagneten an Ihrem Stand (z. B. visuelle Attraktion, Gewinnspiel, sportliche Tätigkeit, etc.) und andererseits auch für eine ausreichend professionelle Standbesetzung, sonst haben Sie entweder zu wenig Kundenfrequenz oder etwaige Interessenten geben ihren Namen und ihre (E-Mail-)Adressen nicht preis. Inwieweit „Sales Promotion", also das aktive Anbieten Ihres Produkts durch einen Promotor an vorbeilaufenden Konsumenten, für Ihre Branche in Frage kommt, müssen Sie prüfen.

Plakatwerbung, Werbeschilder an stark frequentierten Orten etc. können ein sehr aufmerksamkeitsstarkes Medium sein, wenn es von Ihrer Zielgruppe wahrgenommen wird. Konsultieren Sie dazu auch einen Werbeberater oder eine Agentur. Auch hier gilt: erst die Zielsetzung und den Empfängerkreis festlegen.

Sponsoring von Sozialprojekten, Kultur, Wissenschaft oder Sport kann Ihr Image positiv beeinflussen, wenn die Themen und Events für Ihre Zielgruppe Relevanz haben. Allerdings sollte die Verbindung zwischen Ihrem Unternehmen und den gesponsorten Aktionen mit ihren persönlichen Interessen in Einklang stehen oder gut zu Ihrem Unternehmen passen – zum Leistungsangebot, zum Produkt oder dem speziellen Nutzen, den Sie bieten können. Auch sollten Sie damit rechnen, dass für ein Sponsoring beträchtliche finanzielle Mittel aufgebracht werden müssen, denn an Stelle 23 einer Spenderliste zu stehen, bringt nichts. Nur die Positionen 1 oder 2 werden wahrgenommen. Sollten Sie sich dennoch dazu entschließen, müssen Sie das Thema in Ihrer sonstigen Kundenkommunikation nutzen (in jeder E-Mail in der Signatur erwähnen, in das Briefpapier drucken, bei jedem Kundenkontakt anbringen etc.). Wichtig ist, dass der Stil und die Aussagen zu Ihrem Unternehmen und seinen Werten passen (Corporate Identity). Zu der Höhe der gesamten Marketingaufwendungen siehe Abschn. 3.3.

Zu den Inhalten eines guten Agenturbriefings – gleichgültig für welche Werbeform – finden Sie zahlreiche Vorlagen im Internet oder der Fachliteratur (z. B. Pawlowski und Pawlowski 2018). Hier nur die wichtigsten Themenbereiche, zu denen Sie einer Agentur Informationen zur Verfügung stellen sollten:

- Ihr Unternehmen: Infos zu Größe, Image, Kundenstruktur, Stärken und Schwächen
- Ihr Produkt: Positionierung, Eigenschaften, Kundennutzen

- Ihr Marketing: Bisherige und zukünftige Maßnahmen
- Ihre Ziele: Umsatz-/Absatzsteigerung, Marktanteile, Zielgruppe(n)

(vgl. arentz förster bocks o. J.)

4.2 Verkaufsunterlagen, Demos und Muster: Wie kann ich mein Angebot besser erklären?

Gehen Sie bitte davon aus, dass Ihr Kunde Ihren Lösungsvorschlag bzw. Ihr Angebot nicht sofort oder nicht vollumfänglich versteht. Sie sind in Ihrer Materie, für ihn ist es weitgehend neu, falls es sich nicht um einen Wiederholungskauf handelt. Vermutlich wird er sein Nicht-Verstehen nicht zeigen. Setzen Sie nun alles daran, sich und Ihr Angebot verständlich zu machen, denn nur so wird der Kunde den vollen Nutzen erkennen und verstehen, wie sich Ihr Lösungsvorschlag positiv von Ihren Mitbewerbern abhebt. Aber nicht nur die Erkenntnis des effektiven Nutzens (Abschn. 4.3), sondern schon allein das Verständnis der Struktur Ihrer Leistung erfordert einen gewissen intellektuellen Aufwand auf Seiten des Kunden. Machen Sie es ihm daher so einfach und bequem wie möglich. Hierfür ist jedes Mittel recht: vereinfachte Schemazeichnungen, dreidimensionale Modelle, erläuternde Geschichten (Storytelling), kurze Textbeschreibungen, Warenmuster, Demos, Anwendungsbeispiele, Referenzanlagen etc. Der Fantasie sind keine Grenzen gesetzt, wenn es darum geht, dem Kunden das zu erwerbende Produkt bildlich vor Augen zu führen. Dabei gilt: viele Bilder, viel Emotion, wenig Text, wenig Technik. Nehmen Sie sich viel Zeit, um dem Kunden alles zu erklären, was er wissen möchte (es ist ein Lernprozess beim Kunden, der länger dauern kann und ggfs. einer Wiederholung bedarf!). Aber bitte alles, ohne zu übertreiben. Die berühmte Frage „Wie erkläre ich es einem sechsjährigen Kind?", trifft hier voll zu. Keep it simple! Vermeiden Sie auch bitte die sogenannte „Nutzendusche", also das Nennen einer Vielzahl von Vorteilen, die unter Umständen gar nicht den Kern des Problems des Kunden treffen.

Gute Verkaufsunterlagen strahlen Kompetenz aus und erleichtern es dem Verkäufer, seinen Kunden zu überzeugen. Sie bieten einem Kunden die Möglichkeit, Informationen nach dem Gespräch noch einmal nachzulesen. Das Verkaufsgespräch kann sich dann auch auf die Problemlösung und Themen jenseits der technischen Daten konzentrieren. Der Verkäufer als sprechender Katalog ist out! Aber ebenso hier gilt: Weniger ist mehr. Viele und lange PDFs, per E-Mail übersandt, sind nicht wirklich kundenfreundlich und überhäufen den Kunden mit zu vielen Details. Ein kleiner Folder kann hier bessere Dienste leisten.

> **Tipp**
>
> Achten Sie vor allem darauf, dass sich Verkaufsunterlagen in den optischen Auftritt Ihres Unternehmens einfügen und aktuell sind. Nicht ist unangenehmer und wirkt inkompetenter, als erklären zu müssen, dass die Angaben in der Unterlage überholt und die Bilder uralt sind.

4.3 Nutzenkalkulation: Kann ich dem Kunden seinen Vorteil vorrechnen?

Ein Kunde wird dann kaufen und den geforderten Preis bezahlen, wenn er der Meinung ist, dass sein erwarteter Nutzen seinen Gesamt-Aufwand übersteigt (Aufwand bestehend aus Kaufpreis plus Mühen im Zusammenhang mit dem Kauf, wie das Finden von Anbietern, Bewerten der Lösungen, Durchführen des Einkaufsprozesses etc., s. Abschn. 1.1). Je größer die positive Differenz zwischen Nutzen und Aufwand ist (Schnäppchen), umso eher kauft ein Kunde.

Eine Nutzenargumentation mit Vokabeln wie „besser", „schneller", „größer" etc. verfängt häufig nicht, insbesondere bei gewerblichen Kunden. Es müssen schon klare (Kosten-)Vorteile oder Mehrerträge genannt werden (s. Abb. 4.1). Dabei hilft es, sich in den Prozess der Anwendung Ihres Produkts beim Kunden hineinzudenken und etwaige Ersparnisse oder Mehrerträge in allen Phasen der Verwendung zu beziffern (vgl. Sieg 2008). Eine grobe Abschätzung genügt meist für den ersten Ansatz, Diese Idee bezeichnet man als „Total Cost of Ownership"-Modell (TCO).

4 Hilfen beim Verkaufen

Abb. 4.1 Nutzenargumentation mit dem „Total Cost of Ownership"-Modell

> **„Total Cost of Ownership"- Modell**
>
> Das TCO-Modell berücksichtigt die Kosten aller Prozesse, die in irgendeiner Weise mit dem Erwerb, der Nutzung und der Entsorgung des Produkts zusammenhängen. Neben dem eigentlichen monetären „Preis" werden sowohl die „Transaktionskosten" (z. B. Aufwand für Lieferantenauswahl, zusätzliche Transport- oder Qualitätskosten etc.) und sogenannte „Qualitätskosten" (z. B. Instandhaltung, Entsorgung, Umweltkosten etc.) berücksichtigt. Dadurch ist es möglich, auf Einsparungen z. B. bei der Instandhaltung hinzuweisen, die ggfs. einen höheren Preis rechtfertigen.

Ein weiterer Ansatz für die Nutzenargumentation ist, den Aspekt des geringen Aufwands/Mühe im Zusammenhang mit dem Kauf selbst zu thematisieren („Easy to do business with"). Hinweise auf einfache oder irrtumsvermeidende Bestellverfahren, Rechnungsbezahlung, Nachbestellung oder Reklamationsabwicklung können den Gesamtnutzen ebenfalls deutlich erhöhen.

Ihr Transfer in die Praxis

Fragen, die Sie sich stellen sollten:

- Haben Sie eine Gesamtstrategie für Ihre Unternehmenskommunikation festgelegt?
- Sind Ihre Verkaufsunterlagen auf dem neuesten Stand? Haben Sie dabei digitale Medien berücksichtigt?
- Können Sie Ihre Verkaufsargumente in geldwerten Nutzen für Ihren Kunden übersetzen?
- Inwieweit lässt sich das Total-Cost-of-Ownership-Modell auf Ihr Geschäft übertragen?

Literatur

arentz förster bocks (o. J.) Briefingvorlage für einen guten Projektstart. https://www.agenturhoch3.de/fileadmin/user_upload/pdf/Briefingvorlage.pdf. Zugegriffen am 09.04.2019

Heun T (2017) Werbung. Springer Gabler, Wiesbaden

Lammenett E (2019) Praxiswissen Online-Marketing. Affiliate-, Influencer-, Content- und E-Mail-Marketing, Google Ads, SEO, Social Media, Online- inklusive Facebook-Werbung. Springer Gabler, Wiesbaden

Pawlowski K, Pawlowski P (2018) Zielführende Kommunikation zwischen Agentur und Kunde. Erfolgreiche und effiziente Zusammenarbeit im Team. Springer Gabler, Wiesbaden

Seehaus C (2016) Video-Marketing mit YouTube.Video. Kampagnen strategisch planen und erfolgreich managen. Springer Gabler, Wiesbaden

Sieg M (2008) Auf den Cent genau. Nutzenberechnung. Sales Excellence 9:44–47

5
Kunden, Umsätze, Aufwand und Gewinn

Zusammenfassung Nicht jeder Kunde ist ein guter Kunde! Kunden müssen zu Ihrem Angebot, zu Ihrer Organisation und Ihren Prozessen passen und umgekehrt. Die häufig versteckten Kosten für Akquise und Betreuung, aber auch für einige Sonderleistungen, können den Ertrag für manche Kunden deutlich schmälern. Eine konsequente Zurechnung derartiger Kosten auf einzelne Kunden wird die Transparenz nachdrücklich erhöhen und den Kundenwert, also die wirtschaftliche Bedeutung eines Kunden für Ihr Unternehmen, beeinflussen. Der Kundenwert wiederum steuert die Bemühungen aller Mitarbeiter des Unternehmens für einzelne Kunden und – als wäre es ein Naturgesetz – macht wertvolle Kunden noch wertvoller. Das bringt auch Klarheit in die Frage, inwieweit „strategische" Kunden einem Unternehmen mehr nützen als kosten.

> **In diesem Kapitel finden Sie Antworten auf folgende Fragen:**
> - Wie lege ich die Kriterien zur Auswahl neuer Kunden fest und was bedeutet dies für meine Organisation?
> - Was bleibt nach Abzug aller Kosten noch übrig und wie lassen sich diese Kosten je Kunde ermitteln?
> - Wie bestimme ich den Wert bestehender und neuer Kunden für mein Unternehmen und welche Konsequenzen ergeben sich daraus?
> - Welchen Nutzen und welche Gefahren bringen „strategische Kunden" mit sich?

5.1 Umsatz mit den richtigen Kunden: Welche Kunden möchte ich und wie finde ich sie?

Zu welchen Kunden passe ich – und welche passen zu mir? Diese Grundsatzüberlegung führt u. a. zu den folgenden Gegensatzpaaren bei der Auswahl von Kunden und den damit zusammenhängenden Geschäften:

- bestehend – neu
- groß – klein
- ertragreich – marginal
- komplex – einfach
- langfristig – kurzfristig
- u.v.m.

Sie müssen sich dabei nicht unbedingt für das eine oder andere Extrem entscheiden – der Mix macht's. Jedoch sollten Sie bei der Akquise immer Ihren Grundsätzen folgen, da Ihre Betriebsorganisation und Ihre Betriebsprozesse danach ausgerichtet sind.

> **Tipp**
> Folge immer der festgelegten Strategie! Denn hat man sich auf kleine und mittlere Kunden fixiert und seine Prozesse entsprechend ausgerichtet, kann der opportunistische Start eines Geschäfts mit einem Großkunden den wirtschaftlichen Ruin bedeuten, da die ganze Organisation mit dessen Ansprüchen überfordert ist.

Die Entscheidung, welche Kundentypen für Sie die interessantesten sind, kann nur aufgrund einer Marktanalyse (s. Abschn. 2.2.1) sowie einer eingehenden Analyse der eigenen Fähigkeiten erfolgen (s. SWOT-Analyse). Kleine Kunden oder Kunden mit niedrigen Deckungsbeiträgen müssen nicht notwendigerweise grundsätzlich unattraktiv sein, wenn Ihre Prozesse eine kostengünstige Bearbeitung erlauben und Sie zahlreiche Kunden dieser Art haben (die Masse macht's). Umgekehrt können hochkomplexe oder große Kunden sehr ertragreich sein, wenn Ihre Fähigkeiten es erlauben, deren Bedürfnisse abzudecken.

Bei der Auswahl der „idealen" Kunden gilt der Grundsatz: Es soll eine höchstmögliche „Passung" zwischen den von Ihnen angebotenen Leistungen und den Kundenbedürfnissen bestehen, d. h. dass Kunden viele und nicht nur einzelne der von Ihnen angebotenen Leistungen gebrauchen können.

SWOT-Analyse

SWOT-Analyse steht für strengths – weaknesses – opportunities – threats und bedeutet Stärken-Schwächen-Chancen-Risiken-Analyse. Interne Stärken und Schwächen (strengths – weaknesses), sowie externe Chancen und Risiken (opportunities – threats), müssen ermittelt werden, um Strategien und Maßnahmen eines Unternehmens gezielt auszurichten. Dazu erfolgt eine kritische Aufnahme der eigenen Stärken und Schwächen im Vergleich zum Wettbewerb und vor dem Hintergrund der (vermuteten) Kundenbedürfnisse. Diesen werden Chancen und Risiken der weiteren Umwelt und des Marktes gegenübergestellt, mit dem Ziel zu ermitteln, mit welchen Stärken Marktchancen verwirklicht bzw. welche Risiken damit abgemildert werden können. Andererseits wird dadurch offenbar, welche Schwächen die Realisierung von Chancen verhindern oder welche Risiken womöglich nicht beherrschbar sind. Diese Schwächen müssen daher zumindest neutralisiert werden.

Jedes Risiko kann auch als Chance begriffen werden, wenn man eine Stärke aufweist, mit der man das Risiko beherrschen kann (z. B. kann verschärfte Umweltgesetzgebung – zumeist als Risiko betrachtet – eine Chance sein, wenn man schon besser als der Mitbewerb für diese Herausforderung gewappnet ist).

5.2 Der Kundendeckungsbeitrag: Was bleibt am Ende übrig?

Machen Sie wirklich mit jedem Kunden auch Gewinn? Oder übersteigen die notwendigen (Sonder-) Aufwendungen für manche Kunden den Deckungsbeitrag der an sie verkauften Produkte?

Ihre Gewinn- und Verlustrechnung (G&V) sagt Ihnen, wie viel Sie insgesamt – also über die Summe aller Kunden – verdienen. Aber wie ist die Profitabilität jedes einzelnen Kunden? Sie werden vermutlich ahnen, dass Ihnen so manche große Kunden Verluste bescheren, aber welche sind es und wie viel verlieren Sie? Wie kann man das messen und was lässt sich dagegen tun?

Sind die Kosten für das verkaufte Produkt bekannt, kann man einen Produktdeckungsbeitrag je Kunde errechnen.

Beispiel: Produktdeckungsbeitrag

Produktdeckungsbeitrag (Rohertrag, DB 1, Gross-Margin) als Differenz von Erlös und den als variabel (proportional) angesehenen Kosten eines Produkts.

Position	Beitrag in €	kumuliert in €
Bruttoerlös (Produkt lt. Preisliste)	100,00	100,00
Umsatzsteuer 19%	15,97	84,03
Rabatt 10%	8,40	75,63
Warenwert (Einkauf vom Vorlieferanten)	43,20	32,43
Transport vom Vorlieferanten ins eigene Lager (anteilige Rechnung vom Spediteur)	0,30	32,13
Transport zum Kunden (Rechnung Paketdienst)	3,20	28,93
Produktdeckungsbeitrag		**28,93**
Eigene Lagerkosten	Nicht berücksichtigt, da nicht mengenabhängig (variabel)	
Verkaufs- und Verwaltungsgemeinkosten	Nicht berücksichtigt, da nicht mengenabhängig (variabel)	

Auch für Beratungsprodukte kann man die Produktkosten ermitteln, indem man die je Kunde aufgewendeten Stunden mit den Selbstkosten je Stunde multipliziert. Diese sind zwar nicht variabel im strengen Sinn, da

5 Kunden, Umsätze, Aufwand und Gewinn 61

die Löhne und Gehälter Fixkosten sind und hier nur als „quasivariabel" betrachtet werden, wenn eine gleichbleibende Auslastung vorausgesetzt werden kann.

Position	Beitrag in €	kumuliert in €
Honorar (Erstellung eines Pachtvertrages)	300,00	300,00
Ausarbeitung durch angestellten Rechtsanwalt (Aufwand 3h für Mandantengespräch und Konzeption) Gehalt + Lohnnebenkosten 65.000€/a ÷ 220 Arbeitstage ÷ 7,5 h/d = 39,40 €/h	157,60	142,40
Sekretariatskosten (1h für Ausfertigung und Versand) Gehalt + Lohnnebenkosten 40.000€/a ÷ 220 Arbeitstage ÷ 7,5 h/d = 24,20 €/h	24,20	118,20
Qualitätsprüfung durch Partner (0,3 h) à 90€/h	30,00	88,20
„Produktdeckungsbeitrag"		88,20
Bürokosten Kanzlei	Nicht berücksichtigt, da nicht mengenabhängig (variabel)	

Ein anderer Ansatz ist die aufgewendete Zeit für Beratung nicht mit Gehaltskosten zu berechnen, sondern mit „Opportunitätskosten", das ist jener Betrag, der erwirtschaftet hätte werden können, wenn die betreffende Person „etwas anderes gemacht hätte", z. B. eine Rechtssache mit 4 Millionen Streitwert vor Gericht vertreten.

Doch was ist mit all den Aufwendungen, die der Verkauf selbst, die kostenfreie Vorab-Beratung, der technische Service, Forschung & Entwicklung, die Debitorenbuchhaltung, das Qualitätsmanagement, die Produktion und Logistik für gewisse Kunden haben? Hinzu kommen Außenstandkosten, die Kosten von Gratismustern, Tests oder Laboruntersuchungen und Warenretouren sowie das Bereitstellen technischer Geräte oder Reparaturkosten. Hier eine exemplarische Übersicht möglicher durch einzelne Kunden verursachter Zusatzkosten:

1. Verkaufsaktivitäten
2. Bestellungen
3. technischer Service
4. Forschung & Entwicklung

5. Debitoren-Buchhaltung
6. Qualitäts-Management
7. Produktion
8. Logistik
9. Außenstände
10. Gratismuster
11. Tests
12. Labor-Untersuchungen
13. Waren-Retouren
14. Technische Geräte
15. Reparaturen
16. Reklamationen
17. Versicherungen
18. etc.

Es besteht zumeist die Annahme, dass diese Kosten bzw. Aufwände durch den vom Kunden gezahlten Gesamtpreis für die Gesamtleistung aufgewogen werden. In Summe fressen aber diese Kosten den Produktdeckungsbeitrag zu einem bedeutenden Teil auf. Doch wie viel beanspruchen so manche Kunden für sich? Große Kunden haben oft Spezialanforderungen, und aus der Angst, sie zu verlieren, wird für sie noch so manche Extrawurst gebraten.

Üblicherweise verrechnen die Organisationseinheiten, die ggfs. Sonderleistungen für einzelne Kunden erbringen, in der internen Kostenrechnung Fixkosten, die nicht auf diese Kunden zugeordnet werden können. Da diese Sonderleistungen nicht gesondert gebucht werden, gehen sie im allgemeinen Topf unter und verzerren so die Betrachtung. Im Ergebnis kann es so wirken, als ob die durchschnittlichen Fixkosten hoch wären, in Wirklichkeit werden die hohen Werte jedoch nur durch den zusätzlichen Aufwand für einige wenige Kunden verursacht.

Schätzungen für den Aufwand
Beim Ermitteln der Kosten je Kunde sollte man sich von dem Satz leiten lassen: „It is better to be roughly right than precisely wrong." (Vgl. Wikiquote o. J.; dem englischen Volkswirtschafter John Maynard Keynes, 1883–1946, zugeschrieben) Es geht um Indikationen und nicht um buchhalterische Genauigkeit. In der Praxis erfolgt die Kostenermittlung je Kunde durch

5 Kunden, Umsätze, Aufwand und Gewinn

„activity-based costing", also durch das Zurechnen der Kosten, die durch Aktivitäten oder Arbeitszeiten entstanden sind, die für spezielle Kunden geleistet wurden. Da hierfür meist keine Datenbasis existiert, erfolgt diese Kostenermittlung ggfs. durch Befragung der beteiligten Personen, die dann eine grobe prozentuale Aufteilung ihrer Arbeitszeit oder anderer Ressourcen auf gewisse Kunden vornehmen. Mit diesen Prozentwerten werden dann die Gesamtkosten der Kostenstelle auf die Kunden verteilt (s. Abb. 5.1).

So grob dieses Verfahren auch sein mag, so erhält man doch relativ schnell eine grobe Einschätzung über die Sonderaufwendungen für

Abb. 5.1 Errechnung des Kundendeckungsbeitrags

spezielle Kunden. Zudem ist dieses Verfahren einfach und belastete die Mitarbeiter der Organisationseinheit wenig. Meistens genügt es auch, so eine Berechnung einmal pro Jahr durchzuführen.

Sind z. B. in einem CRM-System (Abschn. 6.4) Kundengespräche, technische Anfragen, Gratismuster und sonstige technische Leistungen genau erfasst, so lassen sich diese Daten wunderbar in das Gesamtbild einarbeiten. Gegebenenfalls kann ein Kostenermittlungsprojekt eine gute Anregung dafür sein, diese kundenspezifischen Leistungen in Zukunft präziser zu erfassen, auch wenn es zunächst Mehraufwand für die betroffenen Stellen oder Abteilungen bedeutet.

Vermeidung der Silo-Sicht
Schon allein der Prozess des Zusammentragens kundenspezifischer (Mehr-) Aufwendungen aus Produktion, Logistik, Forschung & Entwicklung und Verwaltung sowie des Betreuungsaufwands durch den Verkauf und den technischen Service bringt erhellende Erkenntnisse in die Organisation. Denn ohne eine solche systematische Aufstellung darüber, mit welchem Aufwand bestimmte Kunden betreut werden, hat niemand den Überblick über die tatsächlich verursachten Kosten. Insbesondere bei Preisverhandlungen kann es sich als nachteilig auswirken, wenn kein Gesamtbild vorliegt und man die erbrachten Zusatzservices nicht in die Argumentation einbinden kann. Denn auf diese Weise entsteht sowohl beim Kunden, aber auch im anbietenden Unternehmen selber der Eindruck, dass die wie selbstverständlich erbrachten Zusatzleistungen durch den Produktpreis abgegolten sein sollten. Die Silo-Sicht einzelner Abteilungen wird durch ein allgemeines Verständnis für Ertrag und Aufwendungen des Gesamtkunden ersetzt.

5.3 Der Kundenwert: Wie viel Aufwand für welchen Kunden?

5.3.1 Wertvolle Kunden – richtig betreut – werden immer wertvoller

Nicht alle Kunden sind für ein Unternehmen gleich bedeutungsvoll. Verliert man einen kleinen Kunden, so ist das zumeist nicht besonders schlimm, der Verlust eines großen Kunden kann jedoch schnell die wirtschaftliche Existenz bedrohen. Deshalb ist es wichtig, sich um einen großen Kunden besonders zu „bemühen", während der Aufwand für einen kleinen Kunden begrenzt werden kann. Mitarbeiter, die nahe am Kunden sind, können die Bedeutung eines Kunden für die Firma meist gut einschätzen, aber auch andere Bereiche müssen wissen, welchen Aufwand sie für den jeweiligen Kunden betreiben sollen. Ein Kundenbewertungssystem ist somit eine hilfreiche Einteilung von Kunden nach ihrer Bedeutung („Wert") für das Unternehmen. Es stellt eine Art gemeinsamer Sprache für alle Abteilungen über die Wichtigkeit von Kunden dar und dient der Steuerung aller kundenbezogenen Aktivitäten (Helm et al. 2017).

Die intensivere Bearbeitung wirtschaftlich attraktiver bzw. wertvoller Kunden auf Kosten weniger wertvoller Kunden führt bei den wichtigen Kunden in der Regel zu einer Steigerung von Einkaufsvolumen, Umsätzen, Deckungsbeiträgen sowie Loyalität und meist zu einer Senkung der Verkaufskosten. Somit führt ein hoher Kundenwert häufig durch bessere Betreuung

- zu einem noch höheren Wert des Unternehmensangebots für den Kunden und damit
- zu noch mehr Absatz und damit wiederum
- zu einem noch höheren Kundenwert.

Um die beiden Begrifflichkeiten zu unterscheiden nennt man im Englischen den „Wert des Kunden für das Unternehmen" auch „customer equity" (equity = dt: Kapital), übersetzt eigentlich „Kundenkapital", während der „Wert des Angebots des Unternehmens für den Kunden" als „customer value" bezeichnet wird.

Auf jeden Fall wird durch ein Kundenbewertungssystem mehr Struktur und Systematik in die Kundenbearbeitung gelegt und damit die Effektivität der Verkaufsanstrengungen deutlich erhöht. Auch müssen die Aktivitäten, die für einzelne Kunden aufzubringen sind, nicht mehr einzeln diskutiert werden, was die operative Führung erleichtert.

> **Wichtig**
>
> Der eigentliche Zweck einer Kundensegmentierung nach Kundenwert ist die adäquate Behandlung und Betreuung der Bestandskunden durch alle Abteilungen sowie eine Planungsvorgabe für neue Potenzialkunden.

Die organisatorische Umsetzung bzw. interne Durchsetzung eines Kundenbewertungssystems und die daraus folgenden Differenzierung der Betreuungsintensität in einer größeren Organisation bedarf einigen Fingerspitzengefühls und beträchtlicher Führungserfahrung, da Widerstände durch einzelnen Mitarbeiter auftreten können, die sich von der Idee „jeder Kunde ist König und erhält die höchstmögliche Zuwendung" nicht lösen wollen.

5.3.2 Berechnung des Kundenwerts

Sie ermitteln den Kundenwert immer durch Bewertung von Einzelaspekten des jeweiligen Kunden, die Sie dann entweder zu einem Gesamtwert zusammenfassen (Punkte-Zahl, s. Tab. 5.1) oder einzeln darstellen (CRM- oder Kundenschlüssel). Diese Einzelaspekte können Sie entweder rechnerisch aus dem Geschäftsverlauf vergangener Perioden (Umsatz, Portfolio, Bestellverhalten, Technische Anfragen, Reklamationen) ermitteln oder aus qualitativen Einschätzungen (Potenzial, Typologie). Aufgrund des Gesamtwerts können Sie schließlich Kunden entweder generell in Klassen (Kategorien, Bänder) einordnen (z. B. Platin/Gold/Silber/Bronze oder A/B/C) oder auch – je nach Anwendungsfall – jeweils verschiedenen Gruppen zuweisen (z. B. für eine Aktion „Top-Kunden mit ausgeschöpftem Bedarf" vs. „Top-Kunden mit noch nicht ausgeschöpftem Bedarf").

Halten Sie die Anzahl der Kriterien dabei so gering wie möglich, um die Komplexität nicht zu sehr zu erhöhen. Auch müssen für alle nicht direkt messbaren Größen Einschätzungen abgegeben werden (s. Abb. 5.2). Keinesfalls sollte die Anzahl der verwendeten Kriterien 8 übersteigen. Die Versuchung ist groß, durch möglichst viele Kriterien eine „Pseudo"-Genauigkeit zu erreichen.

Naturgemäß sind jegliche Bewertungen und Gewichtungen subjektiv und hängen vom momentanen Informationsstand über den Kunden ab.

5 Kunden, Umsätze, Aufwand und Gewinn

Tab. 5.1 Beispiel zur Errechnung des Gesamtwerts aus gewichteten Einzelbewertungen

Kriterien	derzeitiger Umsatz 10 > 100 T€ …1 < 1 T€	potenzieller Umsatz 10 > 100 T€ …1 < 1 T€	Kooperations-vereinbarung 10 = vertraglich 5 = lose 0 = nein	Bonität +5 hoch …−5 schlecht	Referenz/ Weiterempfehlung 10 ja …0 nein	Qualitätskäufer 10 ausgeprägt …0 Preiskäufer	Summe Kundenwert
Gewicht	**30**	**20**	**15**	**20**	**5**	**10**	**100**
Kunde 1	10	2	5	4	5	3	550
Kunde 2	8	2	0	4	6	8	470
Kunde 3	7	8	10	0	10	10	670
Kunde 4	7	2	5	−5	10	10	375
Kunde 5	5	0	10	5	10	10	550
Kunde 6	5	3	0	−1	3	0	205
Kunde 7	4	4	5	3	7	7	440
Kunde 8	3	10	0	−2	3	0	265
Kunde 9	2	2	0	0	3	3	145
Kunde 10	1	0	0	5	10	10	280
…							

Gesamtwert = Punktewert Krit. 1 x Gewicht Krit. 1 + Punktewert Krit. 2 x Gewicht Krit. 2 + …

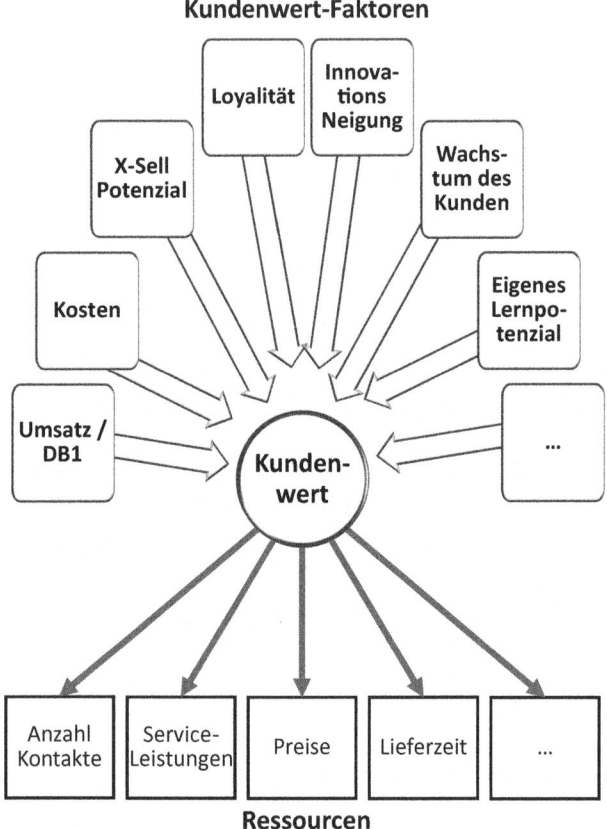

Abb. 5.2 Faktoren zur Kundenwertberechnung und Einfluss auf Ressourceneinsatz (Beispiel)

Aus diesem Grund sollte die Bewertung nicht durch Einzelpersonen erfolgen, sondern das Wissen aller mit dem Kunden befassten Personen vereinen.

Für jeden Kunden lässt sich (zumindest vereinfacht) sowohl der Customer Value als auch der Customer Equity ermitteln. Beide Werte können dann in einer zweidimensionalen Matrix dargestellt werden (sog. Portfoliodarstellung, s. Abb. 5.3). Für jeden Quadranten lassen sich typische Merkmale und daraus Handlungsstrategien ableiten.

5 Kunden, Umsätze, Aufwand und Gewinn

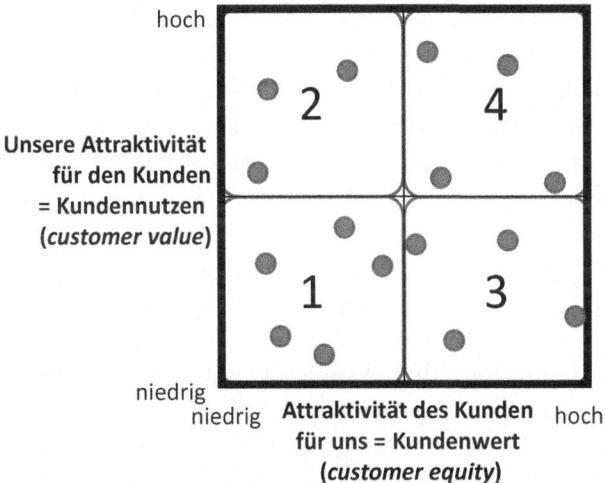

1. „Uninteressante"
   für beide Seite unattraktiv
2. „Entwickler"
   derzeit negative Profitabilität,
   aber hohes Potenzial
3. „Gefährdete"
   derzeit hoher Beitrag,
   aber wenig Kundennutzen
4. „Win-Win" Partner
   ● ... Position eines Kunden

Abb. 5.3 Kundenportfolio: Wertvolle Kunden richtig betreut werden immer wertvoller

5.4 „Strategische" Kunden: Hilfe oder Holzweg?

Leicht ist man geneigt, Aufträge von Kunden anzunehmen, von denen man sich nicht wirklich einen (unmittelbaren) wirtschaftlichen Erfolg erwartet. Entweder sind sie zu klein oder zu groß, fordern zu niedrige Preise oder passen sonst irgendwie nicht zum eigenen Angebot. Sie nehmen den Auftrag vermutlich an, weil Sie sich von derartigen Kunden eine höhere Reputation, Empfehlungen oder Referenzen erwarten. Zweifellos benötigen Sie alle diese positiven Dinge, aber Sie müssen sich die Frage stellen, wie hoch der Aufwand für diese Kunden sein darf, damit er sich insgesamt langfristig lohnt. Die positive Wirkung von diesen „strategischen" Kunden lässt sich meist nicht abschätzen, die Erträge und Kosten sieht man da schon genauer. Kritisch wird es meist erst dann, wenn Sie mit derartigen Kunden einen echten wirtschaftlichen Verlust machen unter Einberechnung aller spezielle Aufwände (Abschn. 5.2.).

Wenn Sie derartige „Verluste" klar erkennen und unter „Marketingkosten" oder „Lern- und Entwicklungskosten" einordnen, dann ist das in Ordnung, aber Sie sollten diese Kunden niemals gemeinsam mit Ihren anderen „gewinnbringenden" Kunden in einen Topf werfen und damit deren negativen Ergebnisse „verwässern".

Genauso so kritisch ist es, wenn Sie Aufträge von Kunden annehmen, die zu groß sind oder gar nicht zu Ihrem Leistungsangebot passen. Die Wahrscheinlichkeit, dass Sie diese Kunden nicht zu deren voller Zufriedenheit bedienen können, ist sehr groß. Und die Wahrscheinlichkeit, dass diese Kunden dann negativ über Sie sprechen, ist ebenfalls sehr hoch, was durch deren beträchtliche Reichweite noch weiter verschlimmert werden kann. Schon so manches Unternehmen wurde durch die Annahme von Aufträgen von den „falschen" Kunden in den Ruin getrieben. Also: „Schuster, bleib' bei deinem Leisten!"

Häufig besteht bei diesen Kunden eine zusätzliche Gefahr: Da diese Kunden meist schwer zu akquirieren waren und häufig auch bedeutende Produkt-Deckungsbeiträge (DB1/Rohertrag) abwerfen, besteht eine besondere emotionale Verbindung. Nur sind eben auch die Kosten für Sonderlösungen und Betreuung dieser Kunden übermäßig hoch.

In dem Zusammenhang ist es sicher sinnvoll, sich von Zeit zu Zeit anzusehen, welchen prozentuellen Beitrag große Kunden zu Ihrem Gesamtdeckungsbeitrag leisten. Wenn ein einzelner Kunde 5 % Ihres Jahresdeckungsbeitrags übersteigt, wird er zum strategischen Kunden im negativen Sinne. Es wird ihm nicht verborgen bleiben, dass er für Ihre Firma eine dominante Stellung einnimmt, und möglicherweise beginnt er, diese Stellung auszunutzen, entweder durch Druck auf die Preise oder durch Forderungen nach kostenfreien Zusatzleistungen. Falls Sie so einen großen Kunden verlieren, wird dies zudem einen entscheidenden Einschnitt für Ihre Profitabilität bedeuten. Es gibt (leider) Unternehmen, bei denen der größte Kunde mehr als 20 % des Gesamt-DB1 ausmacht und damit das Lieferanten-Unternehmen praktisch beherrscht. Also achten Sie auf einen guten Mix und auf ein ausgewogenes Verhältnis in Ihrer Kundenwertbetrachtung.

Ihr Transfer in die Praxis

Fragen, die Sie sich stellen sollten:

- Folge ich bei der Akquise neuer Kunden immer meiner festgelegten Strategie bezüglich Kundengröße und -typ?
- Habe ich eine eingehende Analyse der Fähigkeiten meiner Organisation durchgeführt?
- Kann ich den Kundendeckungsbeitrag einzelner Kunden ermitteln?
- Habe ich den Kundenwert aller meiner Kunden bestimmt und handle ich auch danach? Kennen meine Mitarbeiter den Kundenwert?
- Habe ich „Strategische Kunden" und welche Vorteile bringen sie mir?

Literatur

Helm S, Günter B, Eggert A (Hrsg) (2017) Kundenwert. Grundlagen – Innovative Konzepte – Praktische Umsetzungen. Springer Gabler, Wiesbaden
Wikiquote (o. J.) Keynes. https://en.wikiquote.org/wiki/John_Maynard_Keynes. Zugegriffen am 20.04.2019

6

Abläufe und gute Gewohnheiten

Zusammenfassung Das Verkaufen erfordert eine strukturierte und disziplinierte Vorgehensweise. Nach den ersten Kundengesprächen erfolgt häufig das Schreiben von Angeboten, das Erfassen von Kundendaten und Aufträgen, das Ausstellen von Rechnungen, die Bearbeitung von Reklamationen und die Dokumentation der Kundenbedürfnisse und Gesprächsinhalte. Die Festlegung von für alle Mitarbeiter verbindlichen Systemen und Prozessen hilft hier, die Vollständigkeit und Richtigkeit der Daten zu erhöhen und damit Fehler und Verärgerung des Kunden zu vermeiden, aber auch die Basis für Folgegeschäfte zu legen.

In diesem Kapitel finden Sie Antworten auf folgende Fragen:
- Warum ist es sinnvoll, schriftliche Angebote abzugeben, auch wenn ich es bislang nicht gemacht haben.
- Wie komme ich an mein Geld, wenn der Kunde verspätet oder gar nicht zahlt.
- Wie kann man Reklamationen nutzen, um Kundenbeziehungen zu verbessern?
- Welchen Vorteil hat die Nutzung von CRM Systemen und welche Informationen sollten dort abgespeichert werden?
- Wie erreiche ich, dass sich alle Mitarbeiter an den Verkaufsbemühungen aktiv beteiligen?

6.1 Angebots- und Auftragsmanagement: Warum Angebote schreiben und Aufträge bestätigen?

Ein schriftliches Angebot ist wie ein Verkaufsgespräch und sollte demnach auch so gestaltet sein. Wenn Sie neben der (genauen) Produktbezeichnung auch noch die wesentlichen Vorteile und den Kundennutzen in Ihr Angebot mit aufnehmen, erhält Ihre Leistung einen höheren Wert. Andernfalls wird Ihr Angebot im Vergleich mit anderen nur auf den Preis reduziert, und das ist das Letzte, was Sie wollen. Nehmen Sie in Ihr Angebot auch Preise für Unwägbarkeiten und Zusatzarbeiten auf bzw. legen Sie exakt die Grenzen Ihrer Leistung fest. Damit schließen Sie von vornherein viele Diskussionen bei etwaigen Zusatzleistungen aus. Häufig ist bei der Angebotserstellung noch nicht der gesamte Leistungsumfang absehbar. Verschaffen Sie sich im Vorfeld Klarheit darüber, welches Risiko Sie tragen wollen oder müssen und wo das Risiko des Kunden liegt. Ziehen Sie im Zweifel einen Rechtsberater hinzu, da Angebote (mit einigen Ausnahmen) bindend sind. Nimmt Ihr Kunde das Angebot – so, wie es ist – an, dann ist ein Vertrag entstanden, der erfüllt werden muss.

Auch wenn Sie Ihr Angebot schon mündlich abgegeben haben, empfehle ich, ein Schriftstück nachzusenden, da Sie in einem schriftlichen Dokument wesentlich detailliertere Angaben machen können. Auf diese Weise lässt sich Streit wegen überhörter oder missverstandener Informationen vermeiden.

Sie müssen sich auch überlegen, inwieweit Sie ausgelobte Nebenleistungen, wie beispielsweise Ihre Erreichbarkeit, Liefergeschwindigkeit, Ersatzteilvorrat, Antwortzeiten bei Reklamationen etc. sowie darüber hinausgehende, gerne in Verkaufsgesprächen erwähnte Vorzüge Ihrer Firma (das sog. „Kundenversprechen"/Customer Promise) in das Angebot aufnehmen, da diese Details im Auftragsfall fixer Bestandteil des Vertrags werden. Die Beilage eines Firmenfolders zu dem Angebot, in der diese zusätzlichen Leistungen für die Kunden genannt werden, ist unbedenklich und verbessert dennoch Ihre Position.

Bei der Gestaltung des Angebots versetzen Sie sich bitte in den Kunden, der kein Fachmann ist und unter Umständen Schwierigkeiten hat, die

6 Abläufe und gute Gewohnheiten

Fachsprache Ihrer Branche zu entschlüsseln. Vermeiden Sie auf jeden Fall Abkürzungen. Ein Verweis auf irgendwelche Honorarordnungen ist zwar juristisch korrekt, hilft aber dem Kunden meist wenig. Ggfs. müssen Sie die relevanten Punkte daraus zitieren bzw. eine Kosten-Vorausschau liefern.

Leider sind Angebote häufig rechnerisch schlichtweg falsch oder sie bilden nur unvollständig ab, was der Kunde eigentlich wollte. Um solche Fehler zu vermeiden, hilft das Gegenlesen durch eine andere, nicht mit dem Fall vertraute Person und ein Blick in die Aufzeichnungen aus den Kundengesprächen.

Angebotssysteme, die bereits Kurzbeschreibungen der Produkte und Preise enthalten, können zwar viele Fehler vermeiden, produzieren aber auch fallweise sehr ausufernde und für den Kunden unübersichtliche Angebote. Wenn Sie Angebote als Anhang per E-Mail versenden, sollten Sie ein nicht leicht veränderbares Dateiformat verwenden.

Widmen Sie der Erstellung Ihrer Angebote Zeit und Aufmerksamkeit, sie sind Ihre Visitenkarte und haben rechtliche Relevanz. Legen Sie intern einen Prozess fest, welche Schritte bei der Angebotserstellung zu beachten sind, begonnen bei der Entscheidung, ob sich der Aufwand für die Erstellung eines Angebots voraussichtlich lohnen wird.

Wenn irgendwie möglich, gehen Sie das Angebot gemeinsam mit Ihrem Kunden durch und versichern Sie sich, dass er es vollständig und richtig verstanden hat. Häufig haben Kunden noch irgendwelche Einwände oder wollen den Preis verhandeln. Alle Unklarheiten, die Sie jetzt ausräumen, können sich später nicht zu Konfliktpunkten entwickeln – und Sie wollen ja zufriedene Kunden. Häufig müssen die Angebote nach so einer Durchsprache bzw. Verhandlung nochmals überarbeitet werden. Machen Sie bitte unmissverständlich klar, welche Version nun die gültige ist und versichern Sie sich, dass der Kunde auch nur mehr diese Version verwendet.

Nachtragsangebote sind meist bei Veränderungen des Leistungsumfangs während der Leistungserbringung notwendig. Hier sind häufige Fehler etwaige Widersprüchlichkeiten zu dem ursprünglichen Angebot.

Viele vertragsrechtliche Gegebenheiten sind durch Gesetze geregelt. Sollten Sie dennoch der Meinung sein, Sie benötigen noch AGBs (Allgemeine Geschäftsbedingungen) als Bestandteil Ihres Angebots, lassen Sie diese bitte von einem Rechtsanwalt erstellen. Gibt es Punkte in den AGBs, die Ihnen besonders wichtig sind, sollten Sie dies im Angebot nochmals wiederholen oder explizit darauf hinweisen, sonst werden sie leicht überlesen.

Falls Ihr gewerblicher Kunde eigene „Allgemeine Einkaufsbedingungen" hat, auf die er in seiner Bestellung Bezug nimmt, die aber Ihren AGBs widersprechen, können Sie nun mit ihm trefflich (und lange) streiten, was denn nun wie gilt. Geübte Praxis ist, dass man in diesem Fall versucht, das mögliche Risiko abzuschätzen und – wenn es nicht zu groß ist – die Einkaufsbedingungen zu akzeptieren, in der Hoffnung, dass nichts passiert. Aber auch hier ist ein Rechtsberater hilfreich.

Wenn Sie den Auftrag erhalten, erstellen Sie eine schriftliche Auftragsbestätigung. Prüfen Sie auch, ob es Widersprüche zu Ihrem Angebot gibt, denn sonst wird es juristisch grundsätzlich so gesehen, dass dieses Auftragsschreiben zum Angebot wird, das wiederum Sie annehmen (oder nicht), unter Umständen indem Sie die bestellten Produkte liefern (konkludente Angebotsannahme). Eine Bestätigung der Bestellung gibt dem Kunden Sicherheit, dass sie bei Ihnen eingegangen ist und ausgeführt werden kann.

Inwieweit Sie dem Kunden Zwischenstände der Auftragserfüllung oder Versanddaten übermitteln, hängt stark von Ihrem Produkt ab. Allerdings sind Kunden heute durch Onlinehändler diesbezüglich etwas verwöhnt, sodass die Übermittlung von Zwischenständen langsam zum Industriestandard wird. Jedenfalls zeugt es davon, dass Sie gut organisiert sind und jederzeit Auskunft über den Bearbeitungsstand geben können.

6.2 Forderungsmanagement: Was kommt nach der Rechnung?

Kaufleute sagen, ein Geschäft ist erst abgeschlossen, wenn das Geld in der Kasse ist! Natürlich haben Sie Ihre Rechnung mit viel Sorgfalt ausgestellt, genau auf die erbrachten Leistungen abgestimmt und dennoch kommt kein Geld. Es kann ein sehr zeitraubender und mühevoller Prozess sein, offene Forderungen einzutreiben, bei dem immer die Sorge besteht, dass man den eben erst gewonnen Kunden verprellt.

Warum Kunden nicht zum vereinbarten Termin bezahlen, kann vielfältige Gründe haben. Neben Schlamperei, Vergessen, momentan mangelnder Liquidität und böser Absicht ist einer der häufigsten Gründe, dass Kunden mit einem oder mehreren Punkten auf der Rechnung nicht einverstanden sind und daher die Bezahlung der Gesamtrechnung zurückhalten. Leider äußern Kunden diese Punkte oft erst auf Nachfrage, und dann ist meist schon einige Zeit verstrichen. Um das zu vermeiden, hilft sofortiges Nachfragen, ob denn die Rechnung so in Ordnung sei. Gibt es wirklich Konfliktpunkte, so können Sie die Rechnung in strittige und unstrittige Punkte teilen, damit diese erst einmal zur Bezahlung kommen können.

Jedenfalls sollten Sie, wenn die Zahlung nicht pünktlich erfolgt ist, sofort (am nächsten Tag) aktiv werden. Ob Sie es Zahlungserinnerung nennen oder Mahnung ist Geschmackssache, juristisch hat es die gleiche Wirkung. Wenn Sie die Kundenbedürfnisse ursprünglich gut erfasst haben, können Sie sicher auch hier eine treffende Formulierung wählen, auf die der Kunde dann wie gewünscht reagiert. Standardtexte sind meist weniger hilfreich. Das Beste ist immer ein Anruf, um die Situation zu klären und ggfs. sofort Feedback vom Kunden zu erhalten.

Rein sachlich sollte auf eine pünktliche Leistungserbringung eine ebenso pünktliche Gegenleistung in Form der Bezahlung erfolgen, aber manche Kunden sehen das eben anders. Für den Fall, dass bei gewissen Kunden regelmäßig Zahlungsverzug auftritt, sollten Sie prüfen, ob Sie derartige Kunden noch beliefern wollen.

Ob Sie Ihren Kunden ein Zahlungsziel einräumen oder auf sofortiger Begleichung bestehen, hängt oft von der Branche ab. Verzug tritt erst nach Fälligkeit und einer Mahnung ein. Bei „zahlbar sofort" tritt bei Verbrauchern nach 30 Tagen Verzug ein, wenn Sie bei Abschluss auf die Rechtsfolgen des § 286 Abs. 3 BGB hinweisen (s. Bundesministerium der Justiz für Verbraucherschutz 2019).

Gewerbekunden bestehen oft auf mindestens 30 Tagen Zahlungsziel, manchmal auch auf 60 oder 90, aber grundsätzlich ist nicht einzusehen, warum Sie Ihren Kunden einen so langen – meist kostenlosen – Kredit einräumen sollten. Es kann natürlich auch ein Verkaufsargument sein, dass Rechnungen nicht sofort oder sogar in Raten bezahlt werden können. Das sollten Sie aber auch als Entgegenkommen hervorheben und nicht zur Selbstverständlichkeit verkommen lassen. Auch das Gewähren von Skonto – eigentlich ein Rabatt für schnelleres Bezahlen – sollte nur gezielt (und spärlich) eingesetzt werden.

Leider kommt es auch bei Rechnungen gar nicht so selten zu rechnerischen oder inhaltlichen Fehlern. Auch hier hilft die Festlegung eines strikten internen Prozesses, wie Rechnungen auszustellen sind, sowie eine Endkontrolle durch eine bislang unbeteiligte Person.

Wollen Sie sich den Ärger mit dem Forderungsmanagement ersparen, können Sie diese Aufgabe auch einer externen Institution übertragen. Das kostet zwar ein paar Prozent Ihrer Rechnungssumme, aber dafür haben Sie sofort das Geld in der Kasse. Diese Institutionen betreiben das Inkasso entweder sehr höflich und in Ihrem Namen oder im eigenen Namen deutlich konsequenter. Sie können vereinbaren, wie mit Ihren Kunden umgegangen werden soll.

Da Sie Ihrem Kunden bis zur Bezahlung der Rechnung einen Kredit gewähren, kann es bei größeren Summen nicht nur hilfreich, sondern sogar erforderlich sein, dass Sie vorab eine Kreditauskunft einholen. Auch das verursacht im Vorfeld Kosten, kann aber vor Totalausfall schützen. Für manche Kunden empfiehlt sich ggfs. auch der Abschluss einer Kreditversicherung oder Vorabzahlung.

6.3 Reklamationsbearbeitung: Kann ein Kunde mit Fehlern leben?

Der Spruch „Qualität ist, wenn der Kunde wiederkommt und nicht das Produkt" ist natürlich sehr wahr, aber es gibt außer einem nicht funktionierenden Produkt noch zahlreiche andere Fehlerquellen, die zu Reklamationen führen können. Reklamationen müssen nicht zwangsweise eine Verschlechterung der Kundenbeziehung zur Folge haben, vor allem dann nicht, wenn sie zur Zufriedenheit des Kunden gelöst werden. Dann können sie sogar zu einer deutlichen Verbesserung und Stärkung der Beziehung führen.

Ein Kunde wünscht sich im Falle eines Fehlers meist zwei Dinge:

1. eine Behebung des Mangels oder – wenn das nicht möglich ist – eine Kompensation (meist einen Preisnachlass)
2. eine Veränderung Ihres Prozesses, der zum Fehler geführt hat, und zwar in der Weise, dass sich der Fehler nicht mehr wiederholen kann.

Beides muss zeitnah erfolgen, um den Kunden zufriedenzustellen. Reines Entschuldigen oder Ausreden und die Schuld auf andere schieben reicht nicht.

Kein Kunde erwartet, dass immer alles komplett fehlerfrei ist, aber er erwartet, dass er ernst genommen wird und Sie mit seiner Reklamation professionell umgehen. Das sieht konkret so aus:

Tipps für den professionellen Umgang mit Reklamationen
- Dokumentieren Sie (gnadenlos) alle Fehler und Reklamationen.
- Machen Sie alle Ihre Mitarbeiter zu Reklamationsexperten, die Reklamationen gerne entgegennehmen und sie nicht abwehren.
- Kategorisieren Sie die Fehlerursachen und halten Sie nach Häufungen Ausschau.
- Und seien Sie dankbar für jede Reklamation, da nur ca. 3 % aller Kunden reklamieren, die anderen kaufen einfach woanders (und sprechen auch noch schlecht über Sie).

Reklamationen sind also eine ideale Quelle, die Ihnen hilft, Ihre Prozesse zu verbessern und die Kundenbindung zu stärken.

Sollte der Kunde eindeutig zu Unrecht reklamiert haben und nicht davon abzubringen sein oder sollte das Begrenzen des Gewährleistungsanspruchs für Sie von großer wirtschaftlicher Bedeutung sein, sollten Sie auch in solchen Fällen rechtzeitig einen Rechtsberater einschalten.

6.4 Dokumentation und CRM-Systeme: Wohin mit den gesammelten Kundeninformationen?

Jedes Gespräch mit dem Kunden, gleichgültig ob vor, während oder nach dem Kauf kann dazu dienen, die Bedürfnisse des Kunden noch besser zu verstehen. Schon deshalb ist es sinnvoll, alles in irgendeiner Form aufzuzeichnen. Natürlich fühlen sich Kunden auch mehr wertgeschätzt und besser betreut, wenn sie nicht eine Story mehrfach wiederholen müssen, nur weil sie in Ihrer Firma auf einen anderen Gesprächspartner treffen.

Daher empfehle ich, jedes persönliche Gespräch oder Telefonat zu dokumentieren. Das erfordert zwar hohe Disziplin und es verlängert die Arbeit am PC, aber es gibt genügend Untersuchungen, dass sich diese zeitliche Investition langfristig rentiert. Dafür eignet sich am besten ein sogenanntes CRM-System (Customer Relationship Management; vgl. Hippner et al. 2011), das es teilweise kostenfrei gibt oder das zumindest sehr günstig zu erwerben ist. Der große Vorteil eines professionellen CRM-Systems gegenüber der klassischen Karteikarte oder einer Excel-/Word-/E-Mail-Variante besteht in der besseren Übersicht, der leichteren Ausbaubarkeit und besseren Auswertbarkeit.

Natürlich können diese Systeme meist sehr viel mehr, vom E-Mail-Versand an Potenzialkunden, über das Erstellen von Angeboten bis hin zum Schreiben von Rechnungen (und Mahnungen, falls nötig). Auch machen die Schlagworte von „Marketing Automation" oder „Sales Automation" die Runde. Beides fällt unter das Thema „Digitalisierung im Verkauf". Als Freiberufler werden Sie aber die meisten dieser Funktionen nicht benötigen, und bevor Sie sich auf eine intensive und zeitraubende Beschäftigung mit diesen Möglichkeiten einlassen, sollten Sie klar definieren, was Sie davon erwarten und wie viel Aufwand Sie treiben wollen.

Das Wichtigste ist und bleibt die Dokumentation der Informationen über die Kunden. Hier sollten Sie trennen zwischen

1. den mehr oder weniger feststehenden oder langfristigen Informationen (Bedürfnisse, Entwicklungspläne, Eigenarten, Vorgaben) und
2. den aktuellen Erkenntnissen aus den laufenden Kundengesprächen (Telefonnotiz/Besuchsbericht mit Datum und Teilnehmern für aktuelle Wünsche/Probleme/Bedarfe oder zum laufenden Auftrag).

Natürlich werden Sie aus den Letzteren gelegentlichen Details in die erste Gruppe übertragen. Auch müssen Sie darauf achten, dass Informationen in der ersten Gruppe auf aktuellem Stand bleiben. Hierfür bieten alle CRM-Systeme geeignete Felder/Funktionen.

Ein weiterer Vorteil dieser CRM-Systeme ist, dass Sie Ihre Ansprechpartner/Entscheider namentlich erfassen können mitsamt ihren persönlichen Einstellungen und Eigenarten. Da dies aber den Datenschutz von

Personen berührt, informieren Sie sich bitte vorab darüber, wo die rechtlichen Grenzen (DSGVO, BDSG) liegen.

> **Datenschutz-Grundverordnung (DSGVO) und Bundesdatenschutzgesetz (BDSG)**
>
> Die **Datenschutz-Grundverordnung** (DSGVO) ist eine Verordnung der Europäischen Union, mit der die Regeln zur Verarbeitung personenbezogener Daten durch private Unternehmen und öffentliche Stellen EU-weit vereinheitlicht werden. Sie gilt seit dem 25. Mai 2018 unmittelbar in allen EU-Mitgliedstaaten. Personenbezogene Daten (z. B. Name, Alter, Familienstand, Geburtsdatum, Anschrift, Telefonnummer, E-Mail Adresse, Konto-, Kreditkartennummer, Werturteile wie beispielsweise Zeugnisse etc.) sind grundsätzlich nicht zu verarbeiten, es sei denn, die betroffene Person hat ihre Einwilligung gegeben oder die Verarbeitung ist u. a. für die Erfüllung eines Vertrags oder zur Durchführung vorvertraglicher Maßnahmen erforderlich. Die Regelungen beziehen sich auf natürliche Personen, nicht auf juristische, also Firmen.
> https://eur-lex.europa.eu/legal-content/DE/TXT/?uri=CELEX:02016R0679-20160504
> Das **Bundesdatenschutzgesetz** (BDSG) in seiner Neufassung ergänzt seit dem 25. Mai 2018 die europäische Datenschutz-Grundverordnung um die Bereiche, in denen die EU-Verordnung den Mitgliedstaaten Gestaltungsspielräume belässt. Daneben werden mit dem BDSG wesentliche Teile der Datenschutz-Richtlinie Polizei und Justiz (EU 2016/680) umgesetzt. https://www.bmi.bund.de/DE/themen/it-und-digitalpolitik/datenpolitik/bundesdatenschutzgesetz/bundesdatenschutzgesetz-node.html

Eines ist jedoch immer sehr wichtig, dass Sie *alle* Informationen zu einem Kunden leicht auffinden und zusammenführen können (Bedürfnisse, Gesprächsnotizen, Aufträge, Reklamationen, wirtschaftliche Ergebnisse – „Single View of the Customer"). Das bedeutet nicht unbedingt, dass alle Informationen in einer einzigen Datenbank sein müssen (Sie nutzen ggfs. ein Buchhaltungs- und Abwicklungssystem, ein sog. ERP = Enterprise Resource Planning, getrennt vom CRM-System). Aber es muss eine gemeinsame Kundenidentifikationsnummer geben, die erlaubt, die Informationen aus beiden Systemen zusammenzuführen, und die Kundendaten müssen gleichartig aufgebaut sein. Differenzen entstehen hier immer wieder durch verschiedene Rechnungs- und Lieferadressen beziehungsweise durch Mutter-Tochter-Gesellschaften – und natürlich auch durch Verlust der Aktualität. Diversen Studien berichten, dass mehr als zwei Drittel aller Unternehmen unter Problemen mit der Qualität und Aktualität ihrer Kundendaten leiden. Der Spruch, dass Information die Währung der Zukunft ist, ist ja nicht ganz neu.

> **Marketing Automation**
>
> Marketing Automation ist nicht brandneu und wird vorwiegend für Internet-, aber auch für Messe- oder Shop-Besucher eingesetzt. Dabei handelt es sich um eine softwaregestützte Methode, um „Leads" (= eine von einem Interessenten erhaltene E-Mail-Adresse) mehr oder weniger automatisch aus dessen Aktivitäten auf Ihrer Website oder in den Sozialen Medien mit Zusatzinformationen anzureichern und daraus eine Kaufbereitschaft abzuleiten (Qualifizierung, Scoring) bzw. die ideale Form der Ansprache zu wählen. Das System kann auch, in Abhängigkeit von den Aktivitäten des Interessenten, automatisiert weitere Infos an diesen versenden (Lead Nurturing).
>
> **Sales Automation**
>
> Sales Automation ist relativ neu und für alle Verkaufskanäle anwendbar. Dabei werden wiederkehrende Aufgaben im Verkauf mit klarer Prozesslogik, meist aus dem Bereich der sekundären Verkaufsprozesse (Datenpflege, Angebotserstellung für einfache Produkte, Terminverwaltung, Wiedervorlage) teil- oder vollautomatisch abgewickelt, um den Verkäufer von administrativen Aufgaben zu entlasten zugunsten der primären Verkaufsaufgaben (Kontakte herstellen, Bedürfnisse ermitteln, Lösungen vorschlagen und verhandeln, Abschlüsse erzielen).
> (Vgl. Hannig 2019)

6.5 Führung von „Verkaufsmitarbeitern": Wie hält man die Motivation aufrecht?

Vermutlich haben Sie keine hauptberuflichen „Verkäufer" unter Ihren Mitarbeitern, was Sie aber nicht davon abhalten sollte, alle Ihre Mitarbeiter als aktive Unterstützer im Verkauf anzusehen. Das kann einerseits dadurch erfolgen, dass sie durch ihre (guten) Leistungen die Bedürfnisse Ihrer Kunden befriedigen, andererseits dadurch, dass sie tatsächlich mit Ihren Kunden im Rahmen der geschäftsüblichen Kommunikation auf neue oder verbesserte Lösungen hinweisen, Empfehlungen aussprechen und Ergänzungsprodukte aktiv anbieten. Diese verkäuferische Tätigkeit

6 Abläufe und gute Gewohnheiten

Ihrer Mitarbeiter sind sogar ein ganz wesentlicher Teil Ihrer gesamten Verkaufsbemühungen. Insofern ist es wesentlich, diese bewusst zu steuern und nicht dem Zufall zu überlassen (Herndl 2014). Es wäre sogar essenziell, dass, wenn sich Ihre Mitarbeiter darüber bewusst werden, dass ihr Gehalt nicht von Ihnen, sondern von Kunden bezahlt wird, die gesamte Firma zu einer „Verkaufsorganisation" wird. Das ist eine Frage der Einstellung, nicht der Fähigkeiten. Auch in der Verkaufsorganisation einer großen Firma, im sogenannten Vertrieb, gibt es nicht nur hauptberufliche Verkäufer, sondern auch Buchhalter, Administratoren, Servicetechniker, IT Spezialisten, Logistiker, Call-Center- und Sales-Support-Mitarbeiter etc. und natürlich einen Verkaufsleiter.

Wie bei professionellen Verkäufern ist es einerseits wichtig, dass Ihre Mitarbeiter diese Verkaufsaufgaben gerne wahrnehmen und andererseits auch professionell ausführen. Dazu gehören Training und Motivation. Scheuen Sie sich nicht vor der Erstellung von Gesprächsleitfäden und Durchführung von Rollenspielen. Zu Beginn erscheint das allen Beteiligten als überflüssig, lächerlich und blamabel, aber mit der Zeit spielt sich das ein. Ein gutes Orchester zeichnet sich nicht nur dadurch aus, dass es gut und gerne zusammenspielt, sondern auch dadurch, dass es auch unter Anleitung des Dirigenten intensiv und häufig übt. Und jeder Mitarbeiter, unabhängig von seiner Stellung und Qualifikation, kann für Verkaufsbemühungen ausgebildet werden.

Die notwendige Motivation für Ihre Mitarbeiter erreichen Sie erst einmal durch die Aufgabe selbst. Positives Feedback eines Kunden auf Verkaufsbemühungen ist auch das, was professionelle Verkäufer ermutigt. Natürlich können Sie auch positives Verhalten belohnen (incentivieren). Zum Beispiel für die Herstellung eines Kontakts zu einem neuen potenziellen Kunden einen gewissen Betrag oder ein Geschenk ausloben (z. B. Gutschein für eine Tankfüllung). Aber Vorsicht: Geld verdirbt den Charakter, und es gibt auch in der Wissenschaft keine eindeutigen Beweise dafür, dass Provisionen, Prämien, Boni oder andere Incentives die Leistungen von Verkäufern tatsächlich nachhaltig steigern.

Was Sie aber auf keinen Fall unterlassen sollten, ist eine regelmäßige (spätestens monatliche) Abfrage bei Ihren Mitarbeitern, welche Verkaufsaktivitäten sie unternommen haben und was dabei herausgekommen ist. Das ist viel Aufwand, steuert aber die Mitarbeiter in die gewünschte Richtung.

6.6 Verkaufscontrolling: Wie behalten Sie den Überblick?

Controlling bedeutet im Deutschen „Steuerung" (nicht Kontrolle), wenngleich die Erfassung und Beurteilung von Vergangenheitsdaten dazugehört. Eigentlich geht es darum festzustellen, welche Aktivitäten (oder Unterlassungen) in der Vergangenheit zum heutigen Ergebnis geführt haben, also einen Ursache-Wirkungs-Zusammenhang herzustellen. Ist man mit den heutigen Ergebnissen nicht zufrieden, kann man auf diese Weise ermitteln, welche Veränderungen in den Verhaltensweisen und Aktivitäten erforderlich sind (Pufahl M 2019). Um wirkungsvolles Controlling betreiben zu können, benötigt man also zwei Dinge:

- Vergangenheitsdaten und
- Ergebnisse.

Beide müssen aber nicht in Geldeinheiten ausgedrückt sein. Natürlich gehören der tatsächliche Umsatz bzw. Deckungsbeitrag und Vergleich mit den geplanten Zahlen zum Controlling. Da aber der zeitliche Abstand zwischen den auslösenden Aktivitäten (z. B. Ansprechen neuer Kunden) und dem Zahlungseingang eines neuen Kunden, der sich dann in der Buchhaltung niederschlägt, meist sehr groß ist, erlaubt ein getätigter Umsatz nur sehr bedingt Rückschlüsse auf die Ursachen. Wichtiger ist es, die nichtmonetären Größen zu erfassen, z. B. als auslösende Aktivität die Anzahl der erhaltenen Empfehlungen, neue Informationen über Ihre Leistungen im Internet, abgehaltene Vorgespräche oder Besuche, abgegebene Muster und gemachte Angebote. Als Ergebnis wäre dann festzuhalten, wie viele Kunden von selbst auf Sie zugekommen, wie viele Aufträge Sie tatsächlich erhalten haben und wie es um Kundenzufriedenheit und Image bestellt ist. Setzt man diese Größen zueinander ins Verhältnis (z. B. erhaltene Aufträge/abgegebene Angebote), so erhält man Kennzahlen (Performance Indicators). Entweder bilden sich mit der Zeit Erfahrungswerte für diese Kennzahlen heraus (z. B. ca. 30 % aller Angebote führen zu einem Auftrag) oder man kann auf branchenübliche Werte zurückgreifen. Beobachtet man nun eine unerwartete starke Abweichung von diesen Erfahrungswerten (z. B. über mehrere Monate sind nur mehr 20 % aller Angebote erfolgreich), muss man wohl etwas verändern. Welche dieser Kennzahlen für das eigenen Geschäft wichtig und aussagekräftig sind, muss man leider individuell ermitteln. Dafür gibt es zumeist keine Vorlage. Doch diese Sammlung von den relevanten Kennzahlen (Key Perfomance Indicators/KPI – je weniger, desto besser) sollte man dann doch mindestens einmal im Monat ausrechnen und bewerten (s. Tab. 6.1).

Tab. 6.1 Beispiele für Kennzahlen (Performance Indicators), wie sie in der Industrie gebräuchlich sind. (In Anlehnung an Homburg 2017, S. 1233; mit freundlicher Genehmigung von © Springer Fachmedien Wiesbaden GmbH 2017. All Rights Reserved)

		Effektivität (meist absolute Zahlen)	Effizienz (meist Verhältniszahl/ Prozentsatz)
Markt Potenzial		**Kategorie I** Kundenzufriedenheit Preisimage des Anbieters Lieferzuverlässigkeit Brand Image Bekanntheit des Angebots Mitbewerber Analyse	**Kategorie II** Anzahl erzielter Kontakte/Kosten der Werbeaktion Kundenzufriedenheit mit der Verkaufsunterstützung ./. Kosten der Verkaufsunterstützung Kundenzufriedenheit mit der Lieferbereitschaft/Kosten der Lieferlogistik Anzahl der wiederkehrenden Website-Besucher/Bester Mitbewerber Durchschnittliche Verweildauer pro Besucher auf der Website/ Bester Mitbewerber Anzahl der Follower/Likes/Bester Mitbewerber Buzzvolumen und Tonalität (Wie häufig und wie „freundlich" tauschen sich Nutzer über das Unternehmen und dessen Produkte aus?)/Bester Mitbewerber

(Fortsetzung)

Tab. 6.1 (Fortsetzung)

	Effektivität (meist absolute Zahlen)	Effizienz (meist Verhältniszahl/ Prozentsatz)
Markt Erfolg	**Kategorie III** Anzahl der Gesamtkunden Anzahl der Neukunden Anzahl der Neukunden pro Mitarbeiter Anzahl verlorener Kunden Anzahl wiedergewonnener Kunden Anzahl der Kundenanfragen Anzahl neuer Bestellungen Kunden Treue Kunden Struktur am Markt erzieltes Preisniveau Preissensibilität des Marktes Marktanteil insgesamt und eines Produktes Entwicklung des Marktanteils im Vergleich zu Wettbewerbern Click-to-Basket-Rate (Anzahl aller Einkaufswagen mit einem bestimmten Produkt/ Anzahl der Seitenaufrufe dieses Produkts) Basket-to-Buy-Rate (Anzahl aller tatsächlich gekauften Einkaufswagen mit einem bestimmten Produkt/ Anzahl aller Einkaufswagen mit diesem Produkt) Konvertierungsrate (Wie viele Follower/Fans wurden zu Neukunden?)	**Kategorie IV** Anzahl der Kundenbesuche pro Auftrag Anzahl der Angebote pro Auftrag (Trefferquote) Anzahl gewonnener Neukunden/ Kosten der Aktivitäten der Direktkommunikation Anzahl der Kundenanfragen/ Anzahl neuer Bestellungen Anzahl Kunden/Bestellung Anzahl Angebote/Bestellungen (hit rate) Anzahl der erfolgreich neueingeführten Produkte (success and failure rate) Anzahl neuer Kunden/Kosten für Direct Marketing Kommunikation Anzahl der Kundenkontakte Durchschnittliche Anzahl Fahrtkilometer zwischen zwei Kundenbesuchen

(Fortsetzung)

Tab. 6.1 (Fortsetzung)

	Effektivität (meist absolute Zahlen)	Effizienz (meist Verhältniszahl/ Prozentsatz)
Wirtschaftlich	Kategorie V Umsatz bezogen auf Produkt/Produktgruppe Umsatz bezogen auf Kunden/ Kundengruppe Umsatz aufgrund von Aktivitäten der Direktkommunikation Break-even Analyse von Produkten/Projekten/ Verkaufskanälen/ Kundengruppen Umsatzentwicklung im Vergleich zu Mitbewerbern/dem Gesamtmarkt RoI (Return on Investment)	Kategorie VI Gewinn Umsatzrendite Kundenprofitabilität Umsatz aufgrund der Messeteilnahme/Kosten der Messeteilnahme Umsatz eines speziellen Angebots/verlorener Deckungsbeitrag gegenüber Standardangebot Kosten eines „Verkaufs"-Mitarbeiters/Deckungsbeitrag der durch diesen Mitarbeiter generiert wird Kosten pro Auftrag (gesamte Abwicklungskosten/Anzahl Aufträge)

Aufzählung nur exemplarisch

Ihr Transfer in die Praxis

Fragen, die Sie sich stellen sollten:

- Wie stellen Sie sicher, dass schriftliche Angebote genau den Bedarf des Kunden treffen, inhaltlich korrekt und wirtschaftlich sinnvoll sind?
- Wie schnell reagieren Sie, wenn eine Rechnung nicht pünktlich bezahlt wurde? Hatten Sie schon substanzielle Forderungsausfälle?
- Haben Sie einen einheitlichen Prozess zur Bearbeitung aller Arten von Reklamationen aufgesetzt? Wieviel Prozent aller Reklamationen konnten Sie zur Zufriedenheit Ihrer Kunden lösen?
- Nutzen Sie ein CRM System? Wird es auch von allen Ihren Mitarbeitern lückenlos genutzt?
- Wie häufig besprechen Sie mit ihren Mitarbeitern deren „Verkaufsbemühungen"?

Literatur

Bundesministerium der Justiz für Verbraucherschutz (2019) Bürgerliches Gesetzbuch (BGB) § 286 Verzug des Schuldners. http://www.gesetze-im-internet.de/bgb/__286.html. Zugegriffen am 09.04.2019

Hannig U (Hrsg) (2019) Marketing- und Sales-Automation. Grundlagen – Tools – Umsetzung. Alles, was Sie wissen müssen. Springer Gabler, Wiesbaden

Herndl K (2014) Führen im Vertrieb. So unterstützen Sie Ihre Mitarbeiter direkt und konsequent. Springer Gabler, Wiesbaden

Hippner H, Hubrich B, Wilde K (Hrsg) (2011) Grundlagen des CRM. Strategie, Geschäftsprozesse und IT-Unterstützung. Springer Gabler, Wiesbaden

Homburg C (2017) Marketingmanagement. Strategie – Instrumente – Umsetzung – Unternehmensführung. Springer Gabler, Wiesbaden

Pufahl M (2019) Sales Performance Management. Exzellenz im Vertrieb mit ganzheitlichen Steuerungskonzepten. Springer Gabler, Wiesbaden

Stichwortverzeichnis

A

Absatzmittler 22
Account Management 41
AGBs Allgemeine
  Geschäftsbedingungen 75.
  Siehe Auch Angebot
Alleinstellungsmerkmal 8
Angebot
  Abbildung der Kundenwünsche;
    Fehler 75
  AGBs Allgemeine
    Geschäftsbedingungen 75
  Allgemeine Einkaufsbedingungen
    76
  Angebot besser verständlich
    machen 53
  Angebotsmanagement 74
  Leistungsumfang nicht
    absehbar 74
  Schriftliches Angebot 31, 74

Auftrag
  Auftragsmanagement 74
  Bestätigung 76
Aufwand 20, 29, 31, 40, 41, 45, 53,
  54, 57, 62, 70, 75
Aufwand messen, tracken
  41
Auswahl von Kunden 58

B

Bedarf 32. *Siehe Auch* Bedürfnis
Bedürfnis 2, 4–6, 10, 18, 29, 32, 33,
  38, 59, 73, 79, 82
  Ermittlung 7
  Wahre Ursache für ein
    Problem 33
Beratung 1, 25, 29–31
  Kostenfreie Beratung 31, 61
  Betreuungsintensität 66

Blogbeiträge 24. *Siehe Auch* Xing/ LinkedIn/Facebook
Briefing 49. *Siehe Auch* Werbung

C

Churn 36. *Siehe Auch* Kundenverlust
Communication 19. *Siehe Auch* Marketing
Controlling 84
Convenience 19. *Siehe Auch* Marketing
CRM 41. *Siehe Auch* Customer Relationship Management
CRM-Schlüssel 66. *Siehe Auch* Kundenwert, Berechnung
CRM-System 79
   Ansprechpartner/Entscheider 80
   ERP Enterprise Resource Planning 81
   Gespräche dokumentieren 80
   Marketing Automation 82
   Sales Automation 82
   Single view of the customer 81
   Weitere Funktionen 80
Cross Selling 40
Customer
   CRM Customer-Relationship-Management 41
Cost 19. *Siehe Auch* Marketing
Customer Equity 65. *Siehe Auch* Kundenwert
Customer Experience 14. *Siehe Auch* Kaufprozess
Customer Journey 14. *Siehe Auch* Kundenreise
Customer Solutions 19. *Siehe Auch* Marketing

Customer Touch Points 14. *Siehe Auch* Kaufprozess
Customer Value 65. *Siehe Auch* Kundenwert
Customer-Relationship-Management 40, 41

D

Digitalisierung
   Sales Automation 80
   Videomarketing 51
Durchlaufzeiten 16. *Siehe Auch* Verkaufstrichter

E

Empfehlung
   Empfehlungsgeber 11
ERP Enterprise Resource Planning 81
Erwartungsmanagement 4

F

Forderung 76. *Siehe Auch* Rechnung
Führung 82

G

Gesprächsleitfaden 30

I

Impulskauf 4
Informieren im Netz 25
Inkasso 78

Internet
 Bannerwerbung, Google AdWords, Facebook, Xing, etc. 51
 Neue Geschäftsmöglichkeiten 26
 Nutzung durch Kunden 25
 Shop 25
 Verkaufen im Internet 25
 Verkaufsprozess optimieren 26

K

Kaltakquise 29, 34, 36
 Businesskunden 38
 Privatkunden 37
 Soziale Medien 39
Kauf
 Kaufprozess 14
 Rechtsakt 2
 Warum kaufen Kunden 5
Kennzahlen 84. *Siehe Auch* Verkaufs Controlling
KPI 85. *Siehe Auch* Verkaufs Controlling
Kredit
 Kreditauskunft 78
 Kreditversicherung 78
Künstliche Intelligenz 26
Kunde 2
Kundenbetreuung 42
 Besuch 42
 Telefon 42
Kundenbeziehungsmanagement 41. *Siehe Auch* Customer Relationship Management
Kundendeckungsbeitrag 60
 DB1 Produktdeckungsbeitrag 60
 Profitabilität einzelner Kunden 60
 Zusatzkosten 62

Kundenerlebnis 14. *Siehe Auch* Kaufprozess
Kundenreise 14, 15, 26, 39
 Inbound Marketing 39
Kunden-Schlüssel 66. *Siehe Auch* Kundenwert, Berechnung
Kundenverlust 36
Kundenwert 42, 57, 65, 66
 Anzahl der Kriterien 66
 Berechnung 66
 Betreuungsintensität 66
 Bewertungssystem 65
 Einzelaspekte 66
Kundenwertmanagement 64

L

Leads 36, 51, 82
Lösung 7, 19, 32, 33, 39
 Varianten (Optimal, Minimal, Maximal) 30

M

Marke 10, 13, 14, 17, 20, 21
Marketing 18
 4C Eine neue kundenzentrierte Definition 19
 Marketingaufwendungen 42
 Marketing Automation 82. *Siehe Auch* CRM-System
 Marketing-Mix 19
 4P Die klassischen Instrumente 18
Markt
 Größe 17
 Marktforschung 7
 Potentielle Kunden 18
 Segmente, Teilmärkte 17

Stichwortverzeichnis

Mittler 22. *Siehe Auch* Absatzmittler
Multi Channel Marketing 22. *Siehe Auch* Verkaufskanal

N

Netzwerken 29, 44, 45
Neukundengewinnung 36
Nutzen 2–4, 6, 10, 32, 53, 54, 74
  Ermittlung 10
  Haupt-, Neben-, Zusatz-Nutzen 6
Nutzenversprechen 20. *Siehe Auch* Marke
  Win vs. Result 7
Nutzenkalkulation 54
  Kosten-Vorteile, Mehrerträge 54
  TCO Total Cost of Ownership 54

P

Passung von Kunden 59
Performance Indicators 84. *Siehe Auch* Verkaufs Controlling
Pflege der Kundenbeziehung 39
Pipeline 16
Produkt
  Dienstleistung 6
  Lösung 6
  Unterschied zwischen Produkt und Nutzen 6
PR Public Relations Agentur 50. *Siehe Auch* Werbung

Q

Qualitätsstufen 10

R

Rechnung 76
  Skonto 77
  Zahlungsziel 77
Reklamation 78
  Kategorisieren von Fehlerursachen 79
  Verbesserung der Kundenbeziehung 78
  Ressourceneinsatz 68. *Siehe Auch* Betreuungsintensität
RO-PO
  Research Offline – Purchase Online 25
  Research Online – Purchase Offline 25

S

Sales Automation 82. *Siehe Auch* CRM-System
SEO Search Engine Optimization 24. *Siehe Auch* Website
Shop 25. *Siehe Auch* Internet
Single view of the customer 81
Sponsoring 52. *Siehe Auch* Werbung
Strategische Kunden
  Beitrag zum Gesamtdeckungsbeitrag 70
  Reputation, Empfehlungen, Referenzen 69
  Wirtschaftlicher Verlust 70
Suchmaschinenabfrage 24. *Siehe Auch* Website
SWOT-Analyse 59

Stichwortverzeichnis

T
TCO Total Cost of Ownership 54. *Siehe Auch* Nutzenkalkulation

U
Up-selling 40
USP Unique Selling Proposition 8. *Siehe Auch* Alleinstellungsmerkmal

V
Verkauf
    Lügen, sich Verbiegen im Verkauf 4
    Outsourcing 22
    Rechtsakt 2
    Theoretische Betrachtung 2
    Verkaufstrichter 16
    Verkaufsunterlagen, Demos und Muster 53
Verkäufer 2–5, 11, 41, 54, 82
    Ansehen 5
Verkaufs Controlling 84
    Key Perfomance Indicators / KPI 85
Verkaufsgespräch 33
Verkaufskanal 22
    Multi Channel Marketing 22
Verkaufsprozess
    Kontrolle behalten 22
Vertriebskosten 22, 65
    Activity based Costing 63
    Aufwand 40
    Kostenkalkulation 40
    Kosten-Satz 41
    Variabilisierung 22

Vertriebspartner 21. *Siehe Auch* Absatzmittler
Videomarketing 50. *Siehe Auch* Werbung

W
Website 22, 24, 38, 82
    SEO Search Engine Optimization 24
Werbung 48
    Briefing 49
    Image- und Produktwerbung 48
    klassischen Medien 48
    Medien 49
    Messen 51
    Online Medien, Videomarketing 24, 50
    Plakate 52
    Presseaussendungen 50
    PR Public Relations Agentur 50
    redaktioneller Beitrag 50
    Sponsoring 52
Werte 20. *Siehe Auch* Marke
Wettbewerbsvorteil 8
Win 7. *Siehe Auch* Nutzen
5W-Methode 33

X
Xing/LinkedIn/Facebook/YouTube 24
    Blogbeitrag 24

Z
Zahlungsverzug 77

The manufacturer's authorised representative in the EU is Springer Nature Customer Service Centre GmbH, Europaplatz 3, 69115 Heidelberg, Germany. If you have any concerns regarding our products, please contact ProductSafety@springernature.com

Printed and bound by CPI Group (UK) Ltd, Croydon, CR0 4YY
23/03/2026
02076461-0004